创意服装设计系列 —— 丛书主编 李 正

服装市场营销

岳满 韩雅坤 于舒凡 李正 编著

化学工业出版社

·北京·

内容简介

本书从不同角度、不同层面阐述了服装市场变化的各种因素及营销模式。全书包括服装市场营销环境分析、服装市场细分与目标市场选择、服装市场营销调研和预测、服装市场消费者心理与行为、服装市场营销产品策划、服装市场营销价格策划、服装市场销售渠道、服装市场促销策划等内容。本书以市场营销管理的基本概念和理论为切入点，充分考虑到服装行业市场现状和市场发展对服装营销管理人才的需求，具有很好的专业性与实操性。

本书适合高等院校、高职高专类服装设计专业师生使用，也可以作为广大服装行业从业人员的专业参考用书。

图书在版编目（CIP）数据

服装市场营销／岳满等编著．—北京：化学工业出版社，2022.9
（创意服装设计系列／李正主编）
ISBN 978-7-122-41872-2

Ⅰ．①服… Ⅱ．①岳… Ⅲ．①服装—市场营销学
Ⅳ．①F768.3

中国版本图书馆 CIP 数据核字（2022）第 128692 号

责任编辑：徐　娟　　　　　　　　　　　　文字编辑：蒋丽婷
责任校对：李雨晴　　　　　　　　　　　　装帧设计：刘丽华

出版发行：化学工业出版社（北京市东城区青年湖南街13号　邮政编码100011）
印　　装：大厂聚鑫印刷有限责任公司
787mm×1092mm　1/16　印张11　字数254千字　2023年1月北京第1版第1次印刷

购书咨询：010-64518888　　　　　　　　　售后服务：010-64518899
网　　址：http://www.cip.com.cn
凡购买本书，如有缺损质量问题，本社销售中心负责调换。

定　　价：58.00元　　　　　　　　　　　　　　　　　　　版权所有　违者必究

序

  服装艺术属于大众艺术，我们每个人都可以是服装设计师，至少是自己的服饰搭配设计师。但是，一旦服装艺术作为专业教学就一定需要具有专业的系统性理论以及教学特有的专业性。在专业教学中，教学的科学性和规范性是所有专业教学都应该追求和不断完善的。

  我从事服装专业教学工作已有30多年，一直以来都在思考服装艺术高等教育教学究竟应该如何规范、教师在教学中应遵循哪些教学的基本原则，如何施教才能最大限度地挖掘学生的潜在智能，从而培养出优秀的专业人才。因此我在组织和编写本丛书时，主要是基于以下基本原则进行的。

一、兴趣教学原则

  学生的学习兴趣和对专业的热衷是顺利完成学业的前提，因为个人兴趣是促成事情成功的内因。培养和提高学生的专业兴趣是服装艺术教学中不可或缺的最重要的原则之一。要培养和提高学生的学习兴趣和对专业的热衷，就要改变传统的教学模式以及教学观念，让教学在客观上保持与历史发展同步乃至超前，否则我们将追赶不上历史巨变的脚步。

  意识先于行动并指导行动。本丛书强化了以兴趣教学为原则的理念，有机地将知识性、趣味性、专业性结合起来，使学生在轻松愉快的氛围中不仅能全面掌握专业知识，还能学习相关学科的知识内容，从根本上培养和提高学生对专业的学习兴趣，使学生由衷地热爱服装艺术专业，最终一定会大大提高学生的学习效率。

二、创新教学原则

  服装设计课程的重点是培养学生的设计创新能力。艺术设计的根本在于创新，创新需要灵感，而灵感又源于生活。如何培养学生的设计创造力是教师一定要研究的专业教学问题。

  设计的创造性是衡量设计师最主要的指标，无创造性的服装设计者不能称其为设计师，只能称之为重复劳动者或者是服装技师。要培养一名服装技师并不太难，而要培养一名服装艺术设计师相对来说难度要大很多。本丛书编写的目的是培养具备综合专业素质的服装设计师，使学生不仅掌握设计表现手法和专业技能，更重要的是具备创新的设计理念和时代审美水准。此外，本丛书还特别注重培养学生独立思考问题的能力，培养学生的哲学思维和抽象思维能力。

三、实用教学原则

  服装艺术本身与服装艺术教学都应强调其实用性。实用是服装设计的基本原则，也是服装设计的第一原则。本丛书在编写时从实际出发，强化实践教学以增强服装教学的实用性，力求避免纸上谈兵、闭门造车。另外，我认为应将学生参加国内外服装设计与服装技能大赛纳入专业教学计划，因为学生参加服装大赛有着特别的意义，在形式上它是实用性教学，在具体内容方面它对学生的创造力和综合分析问题的能力有一定的要求，还能激发学生的上进心、求知欲，使其能学到在教室里学不到的东西，有助于开阔思路、拓宽视野、挖掘潜力。以上教学手段不仅能强调教学的实用性，而且在客观上也能使教学具有实践性，而实践性教学又正是服装艺术教学中不可缺少的重要环节。

四、提升学生审美的教学原则

重视服饰艺术审美教育，提高学生的艺术修养是服装艺术教学应该重视的基本教学原则。黑格尔说：审美是需要艺术修养的。他强调了审美的教育功能，认为美学具有高层次的含义。服装设计最终反映了设计师对美的一种追求、对于美的理解，反映了设计师的综合艺术素养。

艺术审美教育，除了直接的教育外往往还离不开潜移默化的熏陶。但是，学生在大的艺术环境内非常需要教师的"点化"和必要的引导，否则学生很容易曲解艺术和美的本质。因此，审美教育的意义很大。本丛书在编写时重视审美教育和对学生艺术品位的培养，使学生从不同艺术门类中得到启发和感受，对于提高学生的审美力有着极其重要的作用。

五、科学性原则

科学性是一种正确性、严谨性，它不仅要具有符合规律和逻辑的性质，还具有准确性和高效性。如何实现服装设计教学的科学性是摆在每位专业教师面前的现实问题。本丛书从实际出发，充分运用各种教学手段和现代高科技手段，从而高效地培养出优秀的高等服装艺术专业人才。

服装艺术教学要具有系统性和连续性。本丛书的编写按照必要的步骤循序渐进，既全面系统又有重点地进行科学的安排，这种系统性和连续性也是科学性的体现。

人类社会已经进入物联网智能化时代、高科技突飞猛进的时代，如今服装艺术专业要培养的是高等服装艺术专业复合型人才。所以服装艺术教育要拓展横向空间，使学生做好充分的准备去面向未来、迎接新的时代挑战。这也要求教师不仅要有扎实的专业知识，同时还必须具备专业之外的其他相关学科的知识。本丛书把培养服装艺术专业复合型人才作为宗旨，这也是每位专业教师不可推卸的职责。

我和我的团队将这些对于服装学科教学的思考和原则贯彻到了本丛书的编写中。参加本丛书编写的作者有李正、吴艳、杨妍、王钠、杨希楠、罗婧予、王财富、岳满、韩雅坤、于舒凡、胡晓、孙欣晔、徐文洁、张婕、李晓宇、吴晨露、唐甜甜、杨晓月等18位，他们大多是我国高校服装设计专业教师，都有着丰富的高校教学经验与著书经历。

为了更好地提升服装学科的教学品质，苏州大学艺术学院一直以来都与化学工业出版社保持着密切的联系与学术上的沟通。本丛书的出版也是苏州大学艺术学院的一个教学科研成果，在此感谢苏州大学教务部的支持，感谢化学工业出版社的鼎力支持，感谢苏州大学艺术学院领导的大力支持。

在本丛书的撰写中杨妍老师一直具体负责与出版社的联络与沟通，并负责本丛书的组织工作与书稿的部分校稿工作。在此特别感谢杨妍老师在本次出版工作中的认真、负责与全身心的投入。

李正　于苏州大学
2022年5月8日

前 言

服装营销是市场营销和服装销售的结合，是市场营销原理在服装业的综合运用。服装市场营销是现代市场营销学的理论和方法在服装企业营销实践中应用的理论概括，是以市场营销学的基本原理为理论依据，吸收了服装设计与工艺等有关学科的知识和成果，结合服装企业的营销特点，形成的一门应用性学科。当今世界经济一体化的进程加快，使得服装市场的竞争日益加剧，适时地推出《服装市场营销》一书，无疑具有重要的现实意义及社会价值。

为了满足我国高等院校服装设计课程和服装爱好者的需要，在充分借鉴、吸收前人和同行已有成果的基础上，我们结合多年的课堂和实践教学经验，编著了这本《服装市场营销》。本书从服装企业营销实践的需求出发，将市场营销学的一般原理与服装市场营销实践有机结合起来，在内容的选择和取材上，突出"实用性、实效性和实际性"的特点，对服装市场营销的理论和实践都具有一定的指导作用。本书共9章，内容包括：绪论、服装市场营销环境分析、服装市场细分与目标市场选择、服装市场营销调研和预测、服装市场消费者心理与行为、服装市场营销产品策划、服装市场营销价格策划、服装市场销售渠道研究、服装市场促销策划等。同时，针对高等院校服装设计课程的特点和教学要求，力求做到科学性与实用性相结合，理论与实践相结合。希望本书能对服装市场营销课程的完善有所帮助，对服装设计专业的学生和服装爱好者能有所借鉴和启迪。

本书由岳满、韩雅坤、于舒凡、李正编著。为了高质量地完成本书，我们投入了大量的时间与精力，先后数次召开编写会议，不断讨论与修改。但由于编著时间比较仓促，加之编著者水平所限，不足之处在所难免，请有关专家、学者提出宝贵意见，以便修改。

编著者

2022 年 3 月

目 录

第一章　绪论 / 001

第一节　服装市场营销概述 / 001
 一、服装市场营销基本概念 / 001
 二、服装市场营销的内涵 / 006
 三、服装市场营销的特点 / 008

第二节　服装市场营销组合 / 010
 一、服装市场营销组合的概念 / 010
 二、服装市场营销组合内容 / 010
 三、服装市场营销组合评价 / 012

第三节　服装市场营销导向 / 013
 一、以生产为导向 / 013
 二、以产品为导向 / 014
 三、以推销为导向 / 014
 四、以品牌效益为导向 / 014
 五、以客户需求为导向 / 015
 六、以智能营销为导向 / 016
 七、以社会市场为导向 / 018

第二章　服装市场营销环境分析 / 019

第一节　服装市场营销环境概述 / 019
 一、服装市场营销环境的含义 / 019
 二、服装市场营销环境的特征 / 020
 三、服装市场营销环境的重要性 / 021

第二节　服装市场营销宏观环境解析 / 023
 一、经济环境 / 023
 二、政治法律环境 / 025
 三、社会文化环境 / 025
 四、自然生态环境 / 027
 五、科学技术环境 / 028

第三节　服装市场微观营销环境分析 / 029
 一、生产者 / 030
 二、消费者 / 031
 三、竞争者 / 031
 四、营销中介 / 032
 五、企业内部环境 / 033
 六、社会公众 / 033

第三章　服装市场细分与目标市场选择 / 034

第一节　服装市场细分 / 034
 一、服装市场细分的概念 / 034
 二、服装市场细分的程序 / 036
 三、服装市场细分的标准 / 037

第二节　服装目标市场选择 / 039
 一、评估与选择目标市场 / 039
 二、目标市场策略 / 041
 三、目标市场策略选择因素 / 042

第三节　服装市场定位 / 044
 一、服装市场定位的概念 / 044
 二、服装市场定位的步骤 / 044
 三、服装市场定位策略 / 045

第四章 服装市场营销调研和预测 / 047

第一节 服装市场调研 / 047
一、服装市场调研的概念 / 047
二、服装市场调研的类型 / 047
三、服装市场调研的内容 / 049
四、服装市场调研的原则 / 057
五、服装市场调研的实施 / 058

第二节 服装市场预测 / 062
一、服装市场预测的概念 / 063
二、服装市场预测的类型 / 064
三、服装市场预测的内容 / 067
四、服装市场预测的程序 / 070
五、服装市场预测的方法 / 071

第五章 服装市场消费者心理与行为 / 072

第一节 服装消费者需求 / 072
一、服装消费者需求概述 / 072
二、服装消费者购买动机 / 073
三、服装消费者需求特征 / 075

第二节 服装市场消费者购买行为 / 077
一、服装消费者购买行为的概念 / 077
二、服装消费者购买行为的类型 / 077
三、服装消费者购买过程 / 079
四、影响服装消费者行为的因素 / 082

第六章 服装市场营销产品策划 / 087

第一节 服装产品相关概念 / 087
一、服装产品的概念 / 087
二、服装产品的分类 / 088

第二节 服装产品生命周期 / 090
一、服装产品生命周期的概念 / 090
二、服装产品生命周期的划分 / 091
三、服装产品生命周期策略 / 092

第三节 服装产品组合策划 / 095
一、服装产品组合的概念 / 095
二、服装产品组合策略 / 096

第四节 服装产品品牌策划 / 098
一、服装产品品牌的概念 / 099
二、服装产品品牌的特征 / 100
三、服装产品品牌策略 / 101

第五节 服装产品包装策划 / 103
一、服装产品包装概述 / 103
二、服装产品包装设计与作用 / 105
三、服装产品包装策略 / 106

第六节 服装新产品开发策划 / 108
一、服装新产品的概念 / 108
二、服装新产品开发的步骤 / 109
三、服装新产品开发策划要素 / 111
四、服装新产品开发的意义 / 112

第七章　服装市场营销价格策划 / 113

第一节　服装价格相关概念 / 113
一、价格的定义 / 113
二、服装价格构成 / 114
三、影响服装价格的因素 / 114

第二节　服装产品定价方法 / 117
一、成本导向定价法 / 117
二、竞争导向定价法 / 119
三、顾客导向定价法 / 120

第三节　服装产品定价策略 / 122
一、心理定价策略 / 122
二、地区定价策略 / 124
三、促销定价策略 / 125
四、产品组合定价策略 / 125
五、新品定价策略 / 126

第四节　服装价格调整 / 127
一、主动调价 / 128
二、被动调价 / 129

第八章　服装市场销售渠道 / 130

第一节　服装市场销售渠道构成 / 130
一、服装销售渠道的含义及组成 / 130
二、服装销售渠道的类型 / 131
三、服装销售的中间渠道 / 132

第二节　服装销售渠道选择 / 134
一、选择服装销售渠道的原则 / 134
二、服装销售渠道长短的选择 / 134
三、服装销售渠道宽窄的选择 / 136
四、服装中间商的选择 / 137
五、渠道决策比较与评价 / 139

第三节　服装销售渠道管理 / 140
一、销售渠道冲突的原因 / 140
二、销售渠道的评价 / 141
三、中间商的管理 / 142
四、销售渠道的物流管理 / 143

第九章　服装市场促销策划 / 147

第一节　服装促销概述 / 147
一、服装促销 / 147
二、服装促销组合 / 148

第二节　服装的销售促进 / 150
一、销售促进的含义及特点 / 151
二、销售促进的分类 / 152
三、实施销售促进策略 / 153

第三节　服装市场促销方式 / 155
一、服装广告促销 / 155
二、人员推销 / 158
三、网络新媒体促销 / 159
四、时装秀促销 / 162
五、线下体验式促销 / 164
六、公共关系促销 / 166

参考文献 / 168

第一章 绪 论

"营销学"一词译自英文"Marketing",是20世纪初起源于美国的一门新兴学科,产生于资本主义向垄断阶段过渡时期。市场营销是指在变化的市场环境中,为满足消费者的需要与欲望,运用一定的方法和手段,使产品或服务有效地转移到消费者手中,从而实现企业目标的商务活动过程。

服装市场营销学是在市场营销学的理论基础上,结合服装市场营销活动的成功案例和众多专家学者的理性思考而迅速发展成长起来的一门学科。服装市场营销的每一个环节和步骤,都离不开一定的理论支撑和方法技巧的创新。

第一节 服装市场营销概述

服装市场营销是现代市场营销学的理论和方法在服装企业营销实践中应用的理论概括。服装市场营销在指导服装企业寻找市场机会、确立目标市场、平衡资源配置、开发适销产品、完成市场交易、实现经营目标等方面有着重要的作用。

一、服装市场营销基本概念

服装市场营销学兼具科学性和艺术性,研究以满足消费者需求为中心的服装企业市场营销活动及其规律性,具有全程性、综合性、实践性的特点,是服装设计专业的重要课程。服装市场营销学源于市场营销学又不完全等同。其作为市场营销学的一个分支,是运用现代市场营销学的理论和方法,吸取服装领域先进的知识和成果,结合服装企业及服装市场的运作特点,对服装企业的市场营销活动进行指导的应用型学科。

服装市场营销是指服装企业对服装消费者的衣着生活方式进行研究和构想,进而满足其衣着需要,并对服装产品进行设计、生产、定价、销售和服务的整个过程及所有活动,以实现服装产品交换,谋求最大利润。服装市场营销同样要以消费者需求为中心,从研究消费者需求开始,到实现和满足消费者需求结束。只有这样,才能从根本上解决服装产品的销路问题,达到服装市场营销的最终目标。

现代服装市场营销要求服装工作者着重研究服装企业如何在激烈的市场竞争和变幻无穷的服装市场营销环境中,识别、分析、评价、选择和利用各种市场机会,紧紧围绕满足消费者对服装的需求,努力创造市场价值,为企业谋取利润而展开总体营销活动。按照市场营销的规律,制定合适的营销策略。服装企业在运作市场营销时需要开展包括服装市场营销环境研究、消费者行为分析,市场调查与预测,服装目标市场确定,服装新产品开发、定价、销售渠道选择,市场销售研究等工作,并由此探求适合自己企业定位的服装市场营销组合策略,它包括服装产品策略、价格策略、分销渠道策略、市场促销策略等。想要更好地掌握服装市场营销概念，厘清市场与市场营销、服装行业与服装市场的概念十分必要。

1. 市场与市场营销

（1）市场。市场是商品经济的范畴，哪里有商品生产和商品交换，哪里就有市场。同时，市场又是一个历史的范畴，市场的概念随着市场活动的发展和市场范围的扩大而变化。从一般意义上讲，市场是社会分工和商品生产的产物，是以商品供求和商品交换为基本经济内容的各市场主体发生经济联系的形式。市场的基本经济内容是商品供求和商品交换，是商品经济条件下连接各市场主体的基本形式，是商品经济得以正常运行的基本条件。这里所讲的市场主体是指公民、法人和国家，他们出于不同的利益参与市场活动，并通过市场发生经济联系。

市场是各市场主体之间发生经济联系的形式。要实现这种联系，市场必须具备三个基本条件：具有购买动机和购买能力的买方；具有提供商品或劳务的卖方和供交换的商品或劳务；具有买卖双方都能接受的交易价格和贸易条件。只有三者都具备了，才能实现商品转移和交换，形成现实的市场。

市场的功能可以概括为以下三方面。

① 实现商品生产者之间的经济联系和经济结合。即各个商品生产者通过在市场上实现自己商品的价值并取得他人商品的使用价值，从而实现不同商品生产者之间的经济联系。可见，市场既是社会分工的产物，又是社会分工得以存在和发展的保证。生产的社会分工越细化，市场在社会经济生活中的地位就越重要。

② 引导商品生产面向消费需求，调节商品供求比例关系。在商品经济中，一切产品都只有符合市场上的消费需要，才能作为商品销售出去，实现自身的价值。否则就无法弥补成本和取得盈利，企业的再生产就难以为继。因此，市场总是迫使商品生产者在生产活动开始之前，就必须考虑自己将要生产的产品是否适销对路。由于市场制约着商品生产必须面向消费需求，因而市场成为调节商品供求比例关系的调节器。

③ 比较不同商品生产者在生产同类商品中消耗的不同劳动量。商品是根据社会价值而不是个别价值进行交换的。如果商品的个别价值低于社会价值，它的生产者就可以获得额外收益，并能提高市场的占有率；反之，就会有一部分价值不能实现，收益水平下降，甚至发生亏损。市场所起的这种劳动比较作用，促使商品生产者努力采用先进技术，改善经营管理，提高劳动生产率，进而推动社会生产力的发展。

（2）市场营销。所谓市场营销，是指在变化的市场环境中运用一定的方法和手段，使产品或服务有效地转移到消费者手中，实现企业目标的商务活动过程。市场营销活动的具体内容包括：市场调查、市场分析、选择目标市场、产品决策、产品开发、产品定价、选择销售渠道、产品促销、产品储运、产品销售、提供服务等一系列与市场有关的企业业务经营活动。

在社会化大生产和商品经济条件下，生产和需求之间存在诸多矛盾。市场营销作为企业经营活动过程中的重要部分，主要解决企业在经营过程中遇到的种种矛盾。概括起来市场营销有如下四项基本功能。

① 发现和了解消费者的需求。现代市场营销观念强调市场营销应以消费者为中心，企业

也只有通过满足消费者的需求，才可能实现企业目标。因此，发现和了解消费者的需求是市场营销的首要功能。

② 指导企业决策。企业决策正确与否是企业成败的关键，企业要谋求生存和发展，重要的是要做好经营决策。企业通过市场营销活动，分析外部环境的动向，了解消费者的需求和欲望，了解竞争者的现状和发展趋势，结合自身的资源条件，指导企业在产品、定价、分销、促销和服务等方面做出相应的、科学的决策。

③ 开拓市场。企业市场营销活动的另一个功能就是通过对消费者现在需求和潜在需求的调查、了解与分析，充分把握和捕捉市场机会，积极开发产品，建立更多的分销渠道，采用更多的促销形式，开拓市场，增加销售。

④ 满足消费者的需求。满足消费者的需求与欲望是企业市场营销的出发点和中心，也是市场营销的基本功能。企业从消费者的需求出发，通过市场营销活动，针对不同目标市场的顾客采取不同的市场营销策略，合理地组织企业的人力、财力、物力等资源，为消费者提供适销对路的产品，做好销售后的各种服务，让消费者满意（图1-1）。

图 1-1　不同消费者心理

2. 服装行业与服装市场

（1）服装行业。服装行业由服装的设计、生产和销售构成，但广义的服装行业还涉及与之相关的其他各个产业，它们被称为服装产业链。其中，原料供应商主要提供纤维、面料、皮革和皮草等服装原材料，以及扣子、拉链、缝线等用来生产服装的各种辅料（图1-2）；成品供应商，这类厂商主要提供女装、男装、童装等服装成品以及围巾、手袋、鞋帽等配饰成品；零售分销商，这类厂商主要从事各种形式的服装零售业务，如百货商店、连锁店、专卖店、邮购零售、电视购物、网上购物等。

图 1-2　服装辅料

此外，还有服装服务咨询业，如传播有关服装信息的出版物、广告代理、行业协会、咨询公司等（图1-3）。上述三个环节是相互关联、紧密结合在一起的，原料供应商依赖成品生产商才能销售出他们的产品；而成品生产商要依赖零售分销商，才能完成服装产品从生产者手中到消费者手中的过渡。服装市场营销主要研究的是成品供应商及零售分销商的服装生产经营活动。

总结起来服装行业具有以下特点。

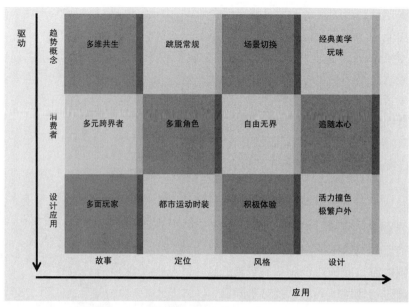

图1-3 服装流行分析

① 服装行业目前仍然是一个比较典型的劳动密集型产业。服装加工和生产组织过程一般不需要大型专门化的机械设备，可以在较少的资本下运行。尽管近年来，高技术如CAD、CAM（计算机辅助设计、制造软件）和先进的生产组织方式被不断研制出来并投入应用，但目前绝大多数服装企业仍停留在传统的模式上，只有其中少数时装企业具有高度的技术知识密集倾向。

② 服装行业一般不具备规模经济效应。由于初始投入较少和固定资产投入较低以及加工生产过程中相对的独立性和分散性，规模经济效应在服装行业并不明显。特别是近年来服装生产周期逐渐缩短、品种增多、批量减少，服装行业的平均规模（按服装企业平均员工数衡量）也不宜扩大。因此，在世界大公司排行榜中也鲜见服装企业。

③ 服装流行周期短。不仅表现为时装的季节性更迭，而且表现为时装季节此一时彼一时的差异，这种差异可能发生在面料、色彩、款式、设计或其他配套方面。服装流行周期短，一方面给企业的发展带来了机遇，另一方面也给企业的发展带来风险和不稳定性。

④ 服装运营流程长。一个服装新款式的推出往往涉及纺纱、织造、印染，甚至新型纤维的生产等多种环节。在销售过程中，又会与多个流通渠道和流通环节发生联系。这种多环节运营和流通所消耗的时间与服装流行短周期形成矛盾。

⑤ 市场需求弹性高。由于消费者对服装的需求越来越多样化、个性化（图1-4），

图1-4 多样化、个性化的服装

因此，小批量、多品种的发展思路是服装业今后发展的趋势和特点，为了满足各种不同细分市场的需要，就必须重视差异化经营。

⑥服装产品附加值高。服装产品具有商品价值、文化价值、社会价值，特别是时装还具有设计价值、品牌价值、时尚价值，可以为其经营者带来高附加值的收益，这使得企业决策者必须合理衡量服装的多重价值，并将其完美地结合起来。

（2）服装市场

① 服装市场的分类。服装市场按不同的标准可以划分为不同的类型。从市场营销的角度来看，市场主要有以下几种类型。

a. 按流通区域划分，可分为国内市场和国际市场。国内市场又可划分为城镇市场、农村市场和本地市场、外埠市场等；国际市场又可划分为北美市场、东南亚市场、欧盟市场等。

b. 按经营范围划分，可划分为综合性市场和专业性市场。综合性市场如百货商场服装部；专业市场如牛仔装、女装、运动装等专卖店。

c. 按市场组织形式划分，可分为现货交易市场、期货交易市场、批发市场、零售市场、自选市场、邮购市场等。

d. 按年龄划分，可划分为老年市场、中年市场、青少年市场、儿童市场等（图1-5）。

e. 按购买者的目的划分，可分为服装消费者市场和服装组织市场。

② 服装市场的特点。服装市场的特点包括流行性、季节性、差异性、地域性、竞争性等。

a. 流行性，也称时尚性。随着消费者受教育水平的增加和生活水平的提高，流行的特性也越来越多地影响消费者的购买行为。对于服装企业来说，搜集和分析有关服装市场变化特点、规律以及影响流行的各种因素并从中获得服装流行演变的信息非常重要。

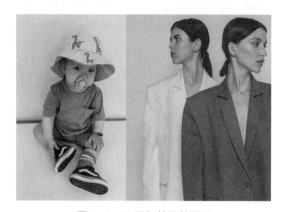

图1-5　不同年龄服装展示

b. 季节性。随着一年四季气候的更迭变化，大多数种类的服装都具有明显的季节性。例如夏天的服装要求轻薄，冬天的服装要求保暖。对于服装企业来说，要及时地根据季节的变化安排产品的开发设计、生产和销售（图1-6）。

流行性是指通过社会人的模仿心理把某种现象扩大流动成为一种一时性的社会现象，它是影响消费者做出购买行为的重要内在驱动力之一。因此，流行是一种普遍的社会心理现象，指社会上一段时间内出现的或某代表性人物倡导的事物、观念、行为方式等被人们接受、采用，进而迅速推广以至消失的过程。

图1-6　服饰季节性对比

c. 差异性。服装市场的差异性主要体现在三个方面。第一，由于消费者的性别、年龄、职业等不同而产生的不同需求，如不同年龄的消费者对应有童装、青年装、中老年装等；对于不同的用途对应有运动装、职业装、休闲装、正装等。第二，由于消费者个性的不同而呈现出来的消费差异性，如每个年轻人都希望自己的穿着与众不同，从而显示自己的独特个性。随着社会发展的不断进步，个性差异越来越被消费者重视。第三，由于消费者的社会地位、收入水平、价值观等不同而表现出的对服装不同档次需求的差异，如社会名流一般购头高档服装，白领阶层一般购买中档服装，低收入群体一般购买中低档服装。服装企业在经营过程中需要做广泛的市场调查，了解消费者的特定需求信息，以此制定相关的营销策略。

d. 地域性。由于地理环境、历史文化、风俗习惯、社会经济发展状况等因素的影响，不同地域人们的穿着习惯、消费理念都存在一定的差别（图1-7）。如我国西北新疆地区的穿着和南方广东地区的穿着存在明显的地域差别。对于服装企业来说，要搜集并分析各地市场的需求差异信息，以便有针对性地根据当地的地域差别制定恰当、有效的营销方案。

图1-7 民族风服饰

e. 竞争性。这是商品经济条件下所有市场具有的特性，服装市场也不例外。服装消费者对服装需求的差异性决定了不可能由几个服装企业包揽整个服装市场。同时，服装行业的进入门槛也很低，资金、技术、人员素质等要求不高，从而形成了服装市场更加激烈的竞争状况。

二、服装市场营销的内涵

服装市场营销是服装企业的市场经营活动的综合体现过程，即企业从满足消费者需求出发，运用各种科学的市场经营手段，把商品和服务整体地销售给消费者。企业在市场营销中，无论从事市场调研、产品开发，还是确定价格、广告宣传，都强调以消费者的需求为导向，不仅满足消费者已有的现实需求，还要激发、转化各种潜在需求，进而引导和创造新的需求；不仅满足消费者的近期及个别需要，还要顾及消费者的长远需要，维护社会公众的整体利益。我们应该从以下多角度理解服装市场营销的内涵。

1. 需求、欲求、需要

需求（Need）是缺乏或被剥夺后的状态。需求会直接引发消费动机，如生存需求激发人们去消费强调功能性的服装等（图1-8）。显

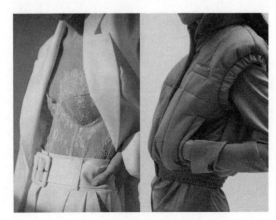

图1-8 不同需求服饰设计

然，需求是人类生存与发展的原动力，服装市场营销者可以利用它达成自己的营销目标，但不能创造这种需求。欲求（Want）是消费者为实现需求而产生的指向明确的消费动机。如人受冷后，就会产生想要保暖的欲求，而选择穿什么与个人的生活背景、经济环境、个人偏好等有关。因此，欲求因人而异，而且随着社会条件的变化而变化。市场营销者能够通过营销活动影响消费者的欲求。需要（Demand）是消费者为实现欲求而产生的指向具体且有支付能力的消费对象。因此，消费者的欲求只有购买力支持才能变为需要。需求、欲求、需要这三个概念从抽象到具象，从无形到有形，揭示了服装市场营销活动指向的对象，是顾客需求分析的基础。

2. 产品、效用、费用

产品（Product）是指用来满足顾客需要的实物或服务，因此产品可以是有形的，也可以是无形的，包括实体产品（Good）、服务（Service）、体验（Experience）、事件（Event）、人员（Person）、地点（Place）、所有权（Property）、组织（Organization）、信息（Information）、概念或创意（Idea）等具体形态。效用（Utility）是消费者对满足其需要的产品的全部效用的评价。因此企业必须清楚，产品只是满足消费者需要的工具或手段，自己的产品可能会被竞争对手生产的更好的产品所取代。费用（Cost）是消费者为获得效用而需要支付的代价，这种代价包括金钱、时间、精力、便利性、风险、机会损失等。消费者需要权衡效用与费用，选择适当的产品以满足其需要。

3. 交换、交易、关系

交换（Exchange）实际上是消费者通过向生产者支付等价物取得产品所有权来实现需要的过程。如果人们通过自给自足、乞求等方式获得产品来实现需求，就不存在市场营销行为，只有通过等价交换，买卖双方彼此获得所需的产品，才产生市场营销。交易（Transaction）是指一次具体的交换事件，一般是通过协议来完成的，一份交易协议应明确规定交易的等价物、双方同意的条件、时间、地点、承诺及相关法律依据等。关系（Relationship）是交易双方在交易中建立起来的一种长期的、相互信任的、互惠互利的关系，这种关系要靠不断承诺、提供高质量产品、良好服务、公平价格、经济技术合作及社会联系来实现。交易协商成为惯例之后，可以大大减少交易费用和时间。

4. 顾客价值、顾客满意、顾客让渡价值

顾客价值（Customer Value）包括产品价值、服务价值、人员价值和形象价值等。顾客成本（Customer Cost）包括货币成本、时间成本、精神成本和体力成本等。顾客让渡价值（Customer Delivered Value）是指顾客价值与顾客成本之间的差额部分。由于顾客实施某一消费行为时，总希望把有关成本降到最低限度，而同时又希望从中获得更多价值，以使自己得到最大限度的满足。因此，顾客在选购产品时，往往从价值与成本两个方面进行比较分析，从中选择顾客让渡价值最大的产品。

5. 市场、市场营销者、市场营销管理

市场（Market）是指一类具有特定需要并具有支付能力的顾客群体集合。市场营销者（Marketer）是指在交换双方中积极主动寻求交换的一方，而在交换双方中消极被动实现交换的一方称为潜在顾客，因此市场营销者可以是卖主，也可以是买主。市场营销管理（Marketing management）是通过对理念、产品或服务构思、定价、分销、促销等的规划与实施，为满足顾客需要和组织目标而创造交换机会的过程。因此，市场营销管理的核心任务是刺激、创造、适应及影响消费者的需求。

三、服装市场营销的特点

由于服装市场营销是从市场营销的大概念中派生出来的，所以市场营销的特点从根本上决定了服装市场营销的特点。

1. 市场营销的特点

纵观现代市场营销理论的发展历史，市场营销概括起来有以下几个方面的特点。

（1）以消费者需求为中心。从研究、分析不同消费者的不同需求开始，将以满足消费者需求作为经营宗旨，贯穿于产品的开发、设计、生产、定价、促销、选择分销渠道、售后服务等整个营销活动的始终，并且要及时调整企业的市场营销手段，提供适宜的产品与服务，以满足消费者不断变化的现实与潜在的需求（图1-9）。

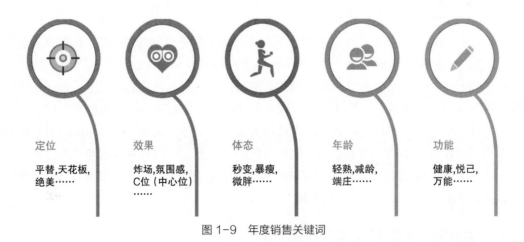

图1-9　年度销售关键词

（2）以整体市场营销活动为手段来实现企业的整体目标。企业必须通过有计划的市场营销管理，使企业的全部市场营销活动成为一个整体。强调市场营销活动的整体性，一方面要求企业的各职能部门和供应、生产、储存各个环节，以及产品、价格、分销渠道、促销各因素之间协调配合；另一方面要求综合运用企业的各种市场营销手段，使市场营销的总体效果大于各个局部因素所产生的效果之和。为追求整体的利益，可以有计划地牺牲某些局部利益。

（3）追求最大利润。获得企业利润是企业营销活动的重要目标，任何企业都追求本企业利

润最大化。而这里说的利润最大化有两方面的含义：一是指长期利润最大；二是指企业的总收益最大。企业为了实现利润最大化，将利润的着眼点放在长期，而且不局限于一次交易或一个产品上。要从企业的长期总体目标出发，有计划、有步骤地开展综合性的市场营销活动，达到利润最大化的目标。

（4）消费者的利益与企业的利益具有互利性。企业以满足消费者的需求作为营销活动的中心，并在满足消费者需求的过程中实现企业的利润。满足消费者的利益与实现利润的目标不是对立的，而是互利的。通过交换，消费者得到了商品、服务和其他需求的满足，企业付出的劳动也得到了合理的补偿并获得利润。

2. 服装市场营销的特点

服装行业的特性与市场营销特点的结合，决定了服装市场营销的特点。

（1）服装市场营销必须整体规划。与其他大类商品生产企业一样，服装企业的市场营销也必须有一个整体目标，然后针对特定的目标，从满足服装消费需求这一中心点出发，规划切实可行的营销手段，实现最大利润。随着消费者服装消费的日益成熟，竞争者不断涌现，作为一个品牌，服装企业必须从总体上把握服装市场营销的各个因素和环节，协调企业内外各方面的营销要求，并产生持久不衰的品牌魅力，形成特定的品牌文化和效应，从而取得服装市场的主要地位。

（2）营销要求小规模、高效率。由于行业缺乏经济规模和小批量、多品种的趋势，服装企业的独立实体相对规模较小。企业的营销应该从这一特点着手，制定出适合中小型企业发展的短期与中远期营销方案，从而建立灵活高效的服装市场营销体系。

（3）服装营销组合策略必须超前。服装市场的流行性特点决定了服装企业必须不断创新，企业尤其需要在产品上进行创新（图1-10）。企业应重视服装设计师在企业营销活动中的作用，建立有效的设计团队，创建一套适合市场竞争与企业发展的产品创新机制。未来的服装行业需要各种灵活高效的组织结构，设计师、经营者、生产者将融为一体，产品的策划、设计、生产和销售环节互相渗透，要将物质价值、品牌形象、企业文化注入产品之中，紧紧围绕消费者需求这一中心，为社会创造财富，同时给企业创造利润。

（4）服装营销在广度与深度上延伸。从发达国家的服装行业发展状况来看，服装行业发展越成熟，它在广度与深度上的影响力与涉及面就越大。步入现代社会后，服装行业已成为一个综合性行业，相关的产业众多。除了与纺织、商业有关，它还与媒体、影视、信息、化工、文化娱乐、科研和服务业等有关。这无疑给服装营销带来了很大的难度，但也为服装营销创造了弹性空间。企业的营销策划人员在进行服装营销操作时，

图1-10　服装产品创新

不仅需要考虑影响服装行业发展的因素,也应顾及制约服装市场营销的其他因素,从更深层次把握服装市场营销的规律,实现自己的营销目标。

第二节　服装市场营销组合

所谓服装市场营销组合,就是指服装企业的综合营销方案,指企业在引导服装产品或服务从生产者到达消费者所实施的一系列生产、经营、销售等综合活动。企业可根据自己目标市场的需要,全面考虑企业的任务、目标、资源以及外部环境,对可控制因素加以最佳组合和应用,以满足消费者的需要,实现企业的任务和目标,取得更好的经济效益和社会效益。

一、服装市场营销组合的概念

市场营销组合(Marketing Mix)是企业市场营销战略的一个重要组成部分,是指企业为了实现其营销目标,将影响市场营销的各种可控的营销因素进行组合,以确定最佳营销方案的过程。

服装市场营销组合,是指服装企业针对选择的目标市场,综合运用各种可能的市场营销策略和手段,形成一个系统化的整体策略,以达到企业的经营目标,并取得最佳经济效益。企业根据目标市场特点,结合营销环境与市场竞争状况,对企业自身可以控制的因素进行组合,选择最优方案加以运用,以实现企业经营目标。市场营销组合可从以下几个方面理解。

① 市场营销组合的实质是综合发挥企业的相对优势,从多方面做到适应市场环境与满足消费需要,从而提高企业效益。

② 市场营销组合的最优方案只能适应于特定时期的、特定市场的特定商品,也就是说市场营销组合不是一成不变的。

③ 市场营销组合是市场竞争策略的一部分,通过市场营销组合,达到维持市场与争取潜在的消费者,消除竞争对手的威胁,赢得顾客和占领市场的目的。

二、服装市场营销组合内容

现代服装市场营销要求服装工作者着重研究服装企业在激烈的市场竞争和变幻无穷的服装市场营销环境中,识别、分析、评价、选择和利用各种市场机会,紧紧围绕满足消费者对服装的需求,努力创造市场价值,为企业谋取利润而展开总体营销活动。按照市场营销的规律,制定切实可行的营销策略。

服装企业在运作市场营销时需要开展包括服装市场营销环境研究,消费者行为分析,市场调查与预测,服装目标市场确定,服装新产品开发、定价、销售渠道选择,市场销售研究等工作,并由此探求适合自己企业定位的服装市场营销组合策略十分重要。以下列举 4Ps 营销理论、7Ps 营销理论、4Cs 营销理论、4Rs 营销理论作为参考。

1. 4Ps营销理论

市场营销组合概念首先是由美国哈佛大学尼尔·鲍顿(Neil Borden)教授在 20 世纪 50

年代提出来的。60年代，美国杰罗姆·迈卡锡（Jerome McCarthy）教授将其概括出四个基本变量，形成四个策略子系统，即产品（Product）、价格（Price）、渠道（Place）和促销（Promotion），简称4Ps。这四个要素是影响企业市场营销的可控因素，各个要素都有许多次级因素，每一个次级因素有不同的水平。

（1）服装产品组合，包括产品的分类、质量、特性、包装、规格、品牌、商标、产品生命周期、新产品开发与推广、服务等内容。产品组合是市场营销组合的核心，其目标是不断地开发能充分满足消费需求，优于竞争者的商品和服务。

（2）服装价格组合，包括定价目标、基本价格、定价方法、折扣与折让、付款方式、卖方信贷、补贴、影响因素等内容。价格组合是十分敏感而又最难有效控制的因素，但却是影响商品销售的关键性因素，它直接关系到消费者对产品的接受程度，制约着产品销量和企业利润的多少。

（3）销售渠道组合，包括销售渠道的结构、特点、类型、影响因素、中间商功能、实体分配等内容。渠道组合在企业整个市场营销战略中占有重要位置，其选择合理与否，依赖于企业与外部购销关系的协调。

（4）服装促销组合，包括人员推销、广告、公共关系、营业推广等。促销组合的核心内容是，利用促销组合，在企业与其顾客之间，建立起稳定有效的信息联系，充分发挥整体促销组合优势，并以此与其他基本营销组合相配合，实现企业的营销目标。

2. 7Ps营销理论

1981年布姆斯（Booms）和比特纳（Bitner）建议在传统4Ps市场营销理论的基础上增加三个"服务性的P"，即人员（People）、流程（Process）、环境（或有形展示，Physical evidence），形成7Ps理论。7Ps理论多被用于服务行业，具体内容如下。

① 产品策略主要研究新产品开发、产品生命周期、品牌策略等，是价格策略、促销策略和渠道策略的基础。

② 价格策略又称定价策略，主要目标有四点：维持生存、利润最大化、市场占有率最大化、产品质量最优化。

③ 促销策略主要目的是：传递信息、强化认知、突出特点、诱导需求、指导消费者、扩大销售、滋生偏爱、稳定销售。

④ 渠道策略，是指为了达到产品分销目的而启用的销售管道。

⑤ 人员策略，是指所有的人都直接或间接地被卷入某种服务的消费过程中，这是7Ps理论中一个很重要的观点。知识工作者、白领雇员、管理人员以及部分消费者将额外的价值增加到了既有的社会总产品或服务的供给中，这部分价值往往非常显著。

⑥ 流程策略，服务通过一定的程序、机制以及活动得以实现的过程（即消费者管理流程），是市场营销战略的一个关键要素。

⑦ 环境策略，包括服务供给得以顺利传送的服务环境，有形商品承载和表达服务的能力，当前消费者的无形消费体验，以及向潜在顾客传递消费满足感的能力（图1-11）。

图1-11 主题氛围营造

3. 4Cs营销理论

4Cs营销理论也称4C营销理论，是由美国营销专家罗伯特·劳特朋教授（Robert F. Lauterborn）在1990年提出的。随着市场竞争日趋激烈，媒介传播速度越来越快，以4Ps理论来指导企业营销实践已经"过时"，4Ps理论越来越受到挑战。1990年，劳特朋教授提出了4Cs理论，向4Ps理论发起挑战。他认为在营销时需持有的理念应是"请注意消费者"而不是传统的"消费者请注意"。

它以消费者需求为导向，重新设定了市场营销组合的四个基本要素，即消费者（Consumer）、成本（Cost）、便利（Convenience）和沟通（Communication）。它强调企业首先应该把追求顾客满意放在第一位，其次是努力降低顾客的购买成本，然后要充分注意到顾客购买过程中的便利性，而不是从企业的角度来决定销售渠道策略，最后还应以消费者为中心实施有效的营销沟通。

4. 4Rs营销理论

4Rs营销理论是由美国学者唐·舒尔茨（Don E. Schultz）在4Cs营销理论的基础上提出的新营销理论。它是以关系营销为核心，注重企业和客户关系的长期互动，重在建立顾客忠诚的一种理论。它既从厂商的利益出发又兼顾消费者的需求，是一个更为实际、有效的营销制胜术。4R分别指代关联（Relevance）、反应（Reaction）、Relationship（关系）和回报（Reward）。该营销理论认为，随着市场的发展，企业需要从更高层次上以更有效的方式在企业与顾客之间建立起有别于传统的新型的主动性关系。

三、服装市场营销组合评价

1. 服装市场营销组合的特点

服装市场营销组合是针对影响服装企业营销系统的各种可控因素而进行的决策，如产品组合、流通组合、信息组合等，具有以下几个方面的特点。

（1）可控性。在服装企业制定的市场营销组合方案中，所有的因素都可以被企业控制，外部环境因素如果发生变化，就需要对营销组合中的因素水平进行调整。

（2）多变性。服装营销组合通常包含多个决策因素，而每个决策因素都包含多种可供选择的水平，从而形成多种可供选择的营销组合。最优的营销组合，是在特定的营销环境中选择出来的，如果营销环境发生了变化，营销组合的选择也需要做出调整，所以在对营销组合进行评价时，必须具体分析该营销组合所适用的目标市场特点，不能一成不变。

（3）系统性。在服装市场营销组合中，各个因素之间并非完全独立，而是相互影响的。在确定各个因素的水平时，必须考虑到因素之间的匹配性，使各个因素之间相互协调，形成一个有机的整体。如产品的价格定位通常与卖场的选择是有关系的，对于高档商品，其卖场一般应设在高档消费区的零售店。

2. 市场营销组合的局限性

市场营销组合的出现，对现代市场营销观念的进化起到了重要的推动作用，体现了分类与组合的营销管理思想，为市场营销理论研究提供了科学的思想与方法。但市场营销组合作为市场营销理论的核心概念，在市场实践中的应用，也存在一些局限性，具体表现在以下几个方面。

（1）市场营销组合给出了一个概念模型，但没有清楚地描述营销组合中各个因素之间的相互作用及因素之间交互作用所产生的效果。

（2）市场营销组合是市场营销实践的一个简化了的理想模型，但在市场营销实践中所要考虑的因素可能复杂得多。

（3）市场营销组合强调了营销专业管理职能，表面上看，营销工作从企业其他活动中分离出来，由专门的营销人员负责分析、计划和实施，实际上许多市场营销职能并不完全是这些专门的营销人员所能完成的，而是由许多相关部门协同完成的。因此，过分强调营销职能的独立性可能导致经营活动不协调。

由于市场差异化或消费者差异化表现出不确定性，因此，市场营销组合在更大程度上是用一种观念来指导营销实践，并对其进行系统的研究与定量的评价。

第三节 服装市场营销导向

服装企业的营销活动同人们的日常活动一样，总是受一定思想的支配。"物质决定意识，存在决定思维"，商品经济发展水平决定着企业的营销导向。例如，我国过去服装制作以手工缝制为主，而现在工业化成衣服装已占市场主导地位；生产方式正由劳动密集型向技术密集型或资本密集型转变。服装市场商品日益丰富，客观上服装企业的营销导向主要分为以下七个方向。

一、以生产为导向

企业将全部资源致力于生产，经营重点是增加产量和降低成本，较少顾及产品质量提高、品种配套及推广。早期资本主义市场和我国改革开放以前的"以产定销"方式属于这一导向。

这种导向的客观环境是产品求大于供，因而顾客关心的是能不能得到这种产品，而不是关心产品的细微特征。如 20 世纪 70 年代以前，我国商品短缺，成衣上市量小，紧缺商品凭票供应，企业生产什么，消费者就得接受什么。服装生产企业主要是设法扩大生产，以满足市场上数量的需求。当商品供应逐渐增多，企业再维持这种导向就会陷入困境，甚至无法生存。

二、以产品为导向

随着商品经济的发展，生产力水平不断提高，供给逐渐超过需求，生产者为了提高竞争力，争取更多的市场份额，开始重视产品质量，采取"以质取胜"的策略，这一时期的质量偏重于提高产品的耐用性。由于市场中出现了质量不同的商品，消费者在购买时可以从价格和质量两个方面进行选择，从而形成了不完全的买方市场。买方市场的出现加速了产品导向观念的形成和运用，可以说产品导向观念是生产导向观念的进一步完善和提高。由于产品导向观念开始注重长期性的经营行为，克服短期性的经营行为，这一观念被市场中的消费者和经营者广泛接受，曾一度成为企业经营的主导观念。然而，产品导向观念存在着一个致命的弱点，即它不能预防和避免生产与需要之间的矛盾。

持以产品为导向是典型的"以产定销"观念。产品导向观念认为，产品销售情况不好是因为产品不好，消费者喜欢质量优、性能好和有特色的产品，只要企业注意提高产品质量，制造出好的产品，产品就会销售出去，不愁挣不到钱。"酒香不怕巷子深"是这种观念的形象说明。

但如果过分重视产品而忽视顾客需求，将最终导致"营销近视症"。即在市场营销管理中缺乏远见，只看到自己的产品质量好，看不到市场需求在变化，致使企业经营陷入困境。

三、以推销为导向

产品导向观念并没有解决因为市场激烈竞争导致的商品积压问题，于是企业开始把注意力转移到如何刺激消费者的购买欲望及增加其购买数量上。采取的措施就是加强销售部门的力量，如培训推销人员、加强广告宣传、增加销售网络、采用灵活多样的短期促销措施等。这些手段和措施都基于一个假设：刺激能激起消费者的购买欲望。这一时期销售部门的地位受到重视，从事产品推销的专职队伍得到空前的发展，企业从扩大销售网络的活动中取得了可观的经济效益，销售部门及销售人员的形象得以提高，地位得到加强。目的是劝诱或促进消费者购买，使企业已有产品得到社会认可。当市场供给商品量大于市场购买力（并非大于市场实际需求），卖方之间激烈争夺销路。企业往往采取劝诱消费者购买、搭配推销、加大广告投放力度等手段，以推销保生产、保利润、保生存。推销导向观念重视解决企业短期的销售目标和销售问题，但对于理性的消费者，这种经营理念就显得苍白无力了。

四、以品牌效益为导向

品牌营销是指企业通过利用消费者的品牌需求创造品牌价值，最终形成品牌效益的营销过程，也是实施各种营销策略使目标客户形成对企业品牌、产品和服务的认知过程。品牌营销从高层次上就是把企业的形象、知名度、良好的信誉等展示给消费者，从而使他们在心中形成企业的产品或者服务的品牌形象,这就是品牌营销。说得简单些,品牌营销就是把企业的品牌深刻地印在消费者心中的过程。

品牌营销的前提是产品要有质量保证,这样才能得到消费者的认可。品牌建立在有形产品和无形服务的基础上。有形是指产品的新颖包装、独特设计以及富有象征吸引力的名称等。而服务是指在销售过程中或售后服务中给消费者满意的感觉,让他们始终觉得选择购买这种产品的决策是对的,让他们买得开心、用得放心。

纵观整个服装市场,目前市场上的产品质量其实差不多。从消费者的立场看,他们看重的往往是商家所能提供服务的多寡和效果。从长期竞争来看,建立品牌营销是企业长期发展的必经途径。对企业而言,既要满足自己的利益,也要顾及消费者的满意度,注重双赢,赢得终身顾客。品牌不仅是企业、产品、服务的标志,更是一种反映企业综合实力和经营水平的无形资产,在商战中具有举足轻重的地位和作用。对于一个企业而言,唯有运用品牌,操作品牌,才能赢得市场。

品牌要求把企业的所有活动归结到两个方面:一是实现顾客价值;二是创造文化价值。服装企业不仅要根据顾客要求来设计生产产品,加深服装产品中的文化含量,而且还要将宣传和普及知识落实到销售的全过程中。引导大众沿着企业产品创新之路前进,成为企业未来产品的忠诚购买者。

五、以客户需求为导向

服装市场营销的销售过程是离不开客户需求的,而客户的需求是不断发生着变化的,从普通化、个性化到多样化(图1-12),这也相应地指引着营销方向及营销重点。"以客户需求为导向""以满足客户需求为目标",这一直是营销过程中的口号。而由于在一个组织当中,大客户始终是占有很重要比重的。所以,大客户的需求也就理所当然地成为工作的重点。在制定营销策略及营销技巧的时候,必须有意识地侧重于大客户的需求,以满足大客户的需求为目的去制定及实施策略。

图1-12 多样化服装产品设计

下面首先对一个企业当中所谓的大客户进行阐述。一个企业中的大客户并不单单的是指使用企业产品最多的客户，而是在企业经营的区域内，使用产品量大或者单位特殊的客户，以及对企业发展有重要推动作用或是影响力的客户。大客户主要可以分为几类：经济大客户、重要客户、集团客户以及战略客户等。这些大客户对于企业及个人的发展起着至关重要的作用，所以企业需要迅速地与之建立稳固的合作关系，发现、改变和创造市场需求，竞争与协作并重，进攻与防御并举，以全方位的整体营销活动，使目标顾客在近期、远期均感满意，使企业获得可持续发展以及良好的社会和经济效益。

图1-13　高级定制系列

如目前市场上常见的定制营销，指的是企业在大规模生产的基础上，将每一位顾客都视为一个单独的细分市场，根据个人的特定需求进行市场营销组合，以满足每位顾客的特定需求的一种营销方式。现代的定制营销与以往的手工定做不同，定制营销是在简单的大规模生产不能满足消费者多样化、个性化需求的情况下提出来的，其最突出的特点是根据顾客的特殊要求进行产品生产（图1-13）。

与传统的营销方式相比，定制营销主要具有以下优点。

（1）能够极大地满足消费者的个性化需求。可以提高企业的竞争力，海尔公司的"定制冰箱"服务已充分说明这一点。

（2）以销定产，减少库存积压。在传统的营销模式中，企业通过追求规模经济，努力降低单位产品的成本并扩大产量，以此实现利润最大化。这在卖方市场中当然是很有竞争力的，但随着买方市场的形成，这种大规模的生产雷同产品，必然导致产品的滞销和积压，造成资源的闲置和浪费，定制营销则很好地避免了这一点。因为这时企业是根据顾客的实际订单进行生产，真正实现了以需定产，因而几乎没有库存积压，这大大加快了企业资金的周转速度，同时也减少了社会资源的浪费。

（3）有利于促进企业的不断发展。创新是企业永葆活力的重要因素。但创新必须与市场及顾客的需求相结合，否则将不利于企业的竞争与发展。在传统的营销模式中，企业的研发人员通过市场调查与分析来挖掘新的市场需求，推出新产品。这种方法受研究人员能力的制约，很容易被错误的调查结果所误导。

而在定制营销中，顾客可直接参与产品的设计，企业也可根据顾客的意见直接改进产品，从而达到产品、技术上的创新，并始终能与顾客的需求保持一致，从而促进企业的不断发展。

六、以智能营销为导向

进入20世纪80年代后期，资讯科技开始迅速发展，高科技形成了新的产业链，为企业智能营销提供了物质与技术基础。智能营销就是以电子技术与互联网为平台，企业的所有市场营销活动，如市场计划、产品设计、生产过程、销售管理、顾客服务等一系列营销环节，都通过人工智能系统进行控制与管理，从而减少营销过程中的差错，并能及时收集处理营销过程中的信息，形成对市场的快速反应能力。

1. 电子商务

互联网迅速发展，为商业提供了高效率的信息沟通平台，从而形成大量的商业需求，并形成电子商务的经营方式。电子商务最显著的特点就是利用电子手段，提高商业信息的传递速度，提高利用商业信息的效率，从而大大提高企业的市场反应能力。

2. 虚拟营销

传统的经营理念是产、供、销一体化模式，并因此形成了大量的大而全或小而全的企业，从而导致生产能力过剩，企业之间的竞争局限于生产方面的竞争，无法形成核心的竞争能力。生产能力的过剩为虚拟经营观念的形成创造了客观的条件。

虚拟经营的核心思想是：突破传统企业的职能界限，以企业专利、专有技术、企业品牌、企业营销网络、企业管理能力、市场开发能力、产品开发能力等核心竞争力构建企业的内核，而把社会上非稀缺的必要资源作为企业的外核，内核是企业自己保留的实体部分，而外核是通过整合社会资源而形成的非实体部分，即虚拟部分。虚拟经营是在企业资源有限的条件下，为了取得竞争优势而采取的一种浓缩的、精华的经营方式。虚拟经营大大拓宽了企业的管理视野，使企业的资源运筹能力从企业内部延伸到外部，从而大大增强了企业的发展能力。虚拟经营在实际操作中有虚拟生产、虚拟营销、战略联盟等方式。虚拟营销是虚拟经营中的关键环节。

3. 虚拟市场

电子商务的出现，突破了传统市场的时空限制，为构筑全球统一市场网络提供了技术平台，开辟了一个崭新的市场空间。对市场的理解，不再是空间有限的有形市场，而是一个空间无限的、虚拟化的无形市场。虚拟市场主要表现在以下几个方面。①通过互联网，可以形成全球高度统一的虚拟市场，各个子市场之间信息沟通的"时滞"现象可以被忽略。如订单、发票、提货单、海关申报单、进出口许可证等日常往来的经济信息，通过电子商务，其效率可以大大提高。②市场营销规律可在全球范围加以应用，充分挖掘市场机会。③数字化分销渠道大大缩短了生产与消费之间的距离，节省了商品流通成本，增加了消费价值。④信息网络系统本身的缺陷导致市场营销风险增加，市场风险控制与管理能力成为企业面临的新问题。

4. 网络营销

网络营销是数字经济时代产生的一种营销理念，是对传统经营观念通过数据字化技术的整合而形成的综合概念。网络营销作为一项系统工程，其显著的特点是在市场营销过程中，全面采用现代信息技术，对传统的营销系统进行重组。在网络营销中，营销流程变得更有效率，与顾客和分销商的关系变得更加紧密，营销数据分析变得更加重要，营销组织结构变得更加扁平而有效率，企业的赢利模式也发生了变化（图1-14）。

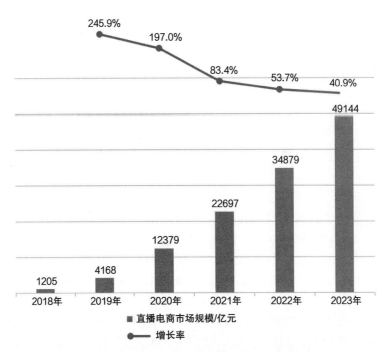

图1-14　2018～2023年直播电商市场变化

网络营销占有的市场份额将越来越大，利用互联网进行服装营销有其显著的优点，首先可以向位于世界任何地方的用户提供全天候的商品信息，消费者无需离家或办公室就可以得到大量有关公司、产品和竞争者的信息。其次，它突破了双向交流与单向交流的界限。再次，它极大地降低了沟通成本。最后，它能够把市场营销全过程中的信息传递与其他环节有机地连成一体，使交易双方不仅可以互通信息，还可以在网上成交。当然，网上营销形式的出现，也势必会带来一系列传统营销中不曾遇到过的新问题，如信息服务质量问题、交易安全性问题等，但相信随着信息技术的进一步发展和现代营销观念的进一步普及，这些问题不久就都能得到妥善地解决，网上营销一定会以人们意料之外的速度迅速发展。

七、以社会市场为导向

随着市场经济的发展，企业主动或被迫考虑社会利益和消费者的长远利益。由此集中人力、财力、物力，协调企业的产、供、销活动，尽量使目标顾客满意，同时获得利润，强调顾客、企业、社会三种利益的兼顾。

我国政府制定的《中华人民共和国产品质量法》《中华人民共和国消费者权益保护法》《中华人民共和国反不正当竞争法》《关于商品和服务实行明码标价的规定》和《中华人民共和国劳动合同法》等，迫使企业在营销活动中考虑社会利益和消费者的长远利益，这些法律法规保护了消费者利益，也保护了合法企业的市场营销环境。

第二章
服装市场营销环境分析

　　服装市场营销环境是影响服装企业产品供应与需求的各种客观因素的集合。服装市场营销环境关乎服装企业未来的机遇与挑战，了解服装市场营销环境的概念及其基本构成，明确营销环境与服装企业的关系，监测和把握环境中各种因素的变化和发展，是服装企业适应服装市场并开展有效的营销活动的基础，服装从业者对服装市场营销环境进行客观的分析有利于把握机遇和规避潜在的风险。

第一节　服装市场营销环境概述

　　服装市场营销环境是一个不断完善和发展的概念，其中影响服装企业营销活动的因素也是复杂且广泛的，不同的环境因素对服装企业营销活动的影响不尽相同，同样的环境因素对不同类型的服装企业产生的影响和制约程度也会大小不一。服装市场营销环境注定不是一成不变的，但不论如何变化，服装市场营销环境依旧是一个完整有序的体系。随着经济的发展，服装企业也已越来越重视对服装市场营销环境的研究，分析并掌握自己所处的营销环境是服装企业制定营销策略的前提，也是服装企业实现经营目标的关键。

一、服装市场营销环境的含义

　　服装市场营销环境，是指与服装企业生产经营有关，直接或间接影响服装企业产品的供应与需求的各种客观因素的总和。

　　服装市场营销环境是企业营销职能外部的不可控制的因素和力量，这些因素和力量是影响服装企业营销活动及其目标实现的外部条件。任何服装企业都如同生物有机体一样，总是生存于一定的环境之中。服装企业的营销活动不可能脱离周围环境孤立地进行，其营销活动要以环境为依据，主动地去适应环境。但是企业也可以了解和预测环境因素，透过营销去影响外部环境，使环境有利于企业的生存和发展，从而提高企业营销活动的有效性。

　　服装市场营销环境包括服装市场宏观营销环境和服装市场微观营销环境。服装市场宏观营销环境是指企业无法直接控制的因素，如经济、政治法律、社会文化、自然生态以及科学技术等客观因素。服装市场微观营销环境是指直接影响企业营销能力和效率的内部因素之和，包括服装生产者、消费者、竞争者、营销中介、企业内部环境、社会公众等。

　　服装市场营销环境是服装企业赖以生存和发展的基础，服装市场营销环境中的各种因素是直接影响服装企业目标实现的条件，如何适应和驾驭服装市场营销环境，是服装企业需要攻克的难关。服装企业所面对的微观环境和宏观环境并不是固定不变的，而是经常处于变动之中，许多变动往往又由于其所具有的突然性而形成巨大的冲击波。环境的变化既会给企业带来可以利用的市场机会，又会给企业带来一定的环境威胁。监测和把握环境力量的变化，善于从中发现并抓住有利于企业发展的机会，避开或减轻由环境带来的威胁，是服装企业营销管理的首要问题。实际上，服装市场营销中至关重要的一个原则：服装企业的营销活动就是企业适应环境的变化并对变化着的环境做出积极反应的动态过程。能否发现、认识进而适应环境的变化，关系到企业的生存与发展。

二、服装市场营销环境的特征

服装市场营销环境是一个复杂多变的综合体，概括起来讲具有以下几个特征。

1. 客观性

服装市场营销环境具有客观性。服装市场营销环境作为一种客观存在，是不以人的意志为转移的，有着自己的运作规律和发展趋势。企业要在正确认知服装市场营销环境和尊重服装市场营销环境客观性的前提下进行营销活动的规划和安排，只有使企业的营销决策与服装市场营销环境的客观性因素相适应，才能进行有效的服装市场营销决策。反之如果企业忽视服装市场营销环境的客观性因素，则会出现产品与当下的流行市场不匹配、企业竞争能力降低的状况等，主观臆断会造成服装企业营销决策的失误。

2. 差异性

服装市场营销环境具有差异性。地域、时间、国家、生产经营的类型等方面都会使服装企业所处的营销环境产生相应的差异。例如，东北市场的服装企业与海南市场的服装企业所生产的服装就有明显的差异，东北寒冷的天气来得早且时间长，海南地处热带北缘，常年温度较高，两个地区的服装消费需求不同，相应的服装市场营销环境也存在明显的差异性。服装市场营销环境的差异性还表现在即使是同一类目的服饰产品，不同风格、不同档次的产品，其营销环境也存在一定的差异（图2-1）。如今的服装市场越来越细分，越来越向多元化、差异化方向发展。

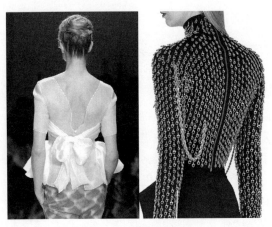

图2-1 服装风格对比

3. 复杂性

服装市场营销环境具有复杂性。构成服装市场营销环境的因素是多方面的，并且服装市场营销环境中的每一个环境因素与其他因素之间是相互影响、相互促进、相互制约的关系。服装企业在选择目标市场时，要同时考虑市场需求、面料成本、消费者心理、流行趋势以及国家政策等多方面的因素。

4. 相关性

服装市场营销环境具有相关性。服装市场营销环境是一个完整的系统，构成服装市场营销环境的各种因素之间是相互联系的关系，服装市场营销环境中的某一因素发生变化，连带的其他因素也会发生相应的改变，从而可能形成新的服装市场营销环境。如科技的进步、互联网时代的发展促使服装市场营销环境产生新的变化，如今线上软件成为服装市场营销的主要平台之一。

5. 动态性

服装市场营销环境具有动态性。服装市场营销环境是不断变化发展的，其受到外部及内部环境各种因素的影响，即使是处于相对稳定的大时代环境中，服装市场营销环境的变化也是"动中有静""静中有动"的状态。服装不仅是人们生活的必需品，还是一种具有"流行"性的物品，服装流行具有短时性和周期性的特点，这一点也是使服装市场营销环境具有动态性的原因之一，这些因素也决定了服装市场营销应该符合时代发展趋势并且紧跟潮流。企业要在认识服装市场营销环境动态性的前提下，及时调整和修正自身的营销策略，使营销活动适应服装市场营销环境的新变化和新发展。

6. 不可控性

服装市场营销环境具有不可控性。该特点是建立在服装市场营销环境的客观性特点上的，正是因为服装市场营销环境具有客观性，其才具有不可控性。影响服装市场营销环境的因素是多方面的，也是复杂的，是不以人的意识为转移并且不可以随意操控的，例如一个国家的经济发展水平、政治制度、地理环境以及一些社会文化习俗等，这些因素服装企业都不可能随意改变和操控。

7. 可利用性

服装市场营销环境具有可利用性和可影响性。服装市场营销环境虽然具有客观性和不可控性，并且不以企业的意志为转移，但服装市场营销环境中的规律是可以被企业所利用的，服装企业可以通过分析过去和现如今所处的服装市场营销环境规律，及时调整自身内部的结构来适应服装市场营销环境的变化，还可以合理利用客观的因素，如新兴科学技术等，来影响服装市场营销环境。

三、服装市场营销环境的重要性

服装市场营销环境是服装企业进行营销活动的基础，任何服装市场营销活动都是在营销环境下进行的。社会生产力水平、城乡居民收入状况、技术进步趋势、消费结构变化、国家经济政策调整，都直接或间接地影响着服装企业的生产经营活动。对服装市场营销环境进行分析是服装企业把握市场机会的基础，分析服装市场营销环境能为服装企业的营销决策提供科学的依据，是服装企业营销工作的关键内容。

服装企业的营销决策受各种环境因素的制约，对企业内部与外部环境因素的合理分析，是企业保持经营目标动态平衡的关键。为保证服装经营决策的科学性，企业只有把经营决策放到千变万化的营销环境中去检验并及时搜集反馈信息，对原决策做出相应的修改和调整，及时纠正营销决策过程中的偏差和失误，才能使经营决策趋于科学化和合理化。同时服装企业也可以运用各种有效的方式或手段影响利益相关方，争取多方面的支持，使之改变做法从而改变营销环境。这种能动的思想不仅对国内跨地区市场营销活动有重要指导作用，对于开展国际市场营销活动也有重要意义。

因此，营销管理者的任务不仅在于适当安排营销组合，使之与外部不断变化的营销环境相适应，而且要积极地适应和改变环境，影响目标顾客的需求。只有这样，服装企业才能发现和抓住市场机会，因势利导，在激烈的市场竞争中立于不败之地。

服装企业的营销活动就是服装企业适应环境变化，并对变化的环境做出积极反应的动态过程，能否发现、认识，进而适应环境变化，关系到企业的生存与发展。分析服装市场营销环境的目的就是要使服装企业从自身所处的营销环境中，发现各种可利用的营销机会，避免受到环境威胁的打击。在现实生活中，营销机会与营销威胁往往同时并存。企业的任务就在于识别营销机会和环境威胁，预测环境变化的趋势和规律，制定能够充分利用营销机会、消除环境威胁的营销战略。我国纺织工业发展正面临发达国家"再工业化"和发展中国家加快推进工业化进程的"双重挤压"，这种局势下国家发布《纺织工业发展规划（2016—2020年）》并提出，要以增品种、提品质、创品牌的"三品"战略为重点，增强产业创新能力，这不仅向服装企业提出了更高的要求，也促进了纺织工业转型升级，为服装企业创造竞争新优势。

我们在认识服装市场营销环境重要性的同时，还要知道企业在进行营销活动时，一定要遵守营销环境中的规则。一个企业的营销活动如果同它的营销环境相违背，不仅会直接影响企业的经济效益，甚至还会影响到企业大的发展。例如，如果一个企业触犯了国家的法律，就会被取缔；如果企业的营销活动违背了人伦道德，就会遭到消费者及社会的抵制，从而逐渐丧失它的营销市场。

服装消费者是服装市场营销环境的目标与受众，服装企业所采取的营销策略和所营造的营销环境，其最终目的就是将企业的服装产品推销给消费者。服装企业要清楚消费者在营销环境中所扮演的角色，消费者的意愿才是决定营销能否成功的关键。总而言之，服装消费者是营销环境中的核心内容，营销环境中的一切活动都是为了使服装企业的产品和服务符合消费者的心意。而营销环境对消费者行为的影响是巨大的，营销环境总是能直接或间接地影响消费者的行为。例如服装消费者在进行单个消费行为时，会受到集体意识和大众消费行为的影响，消费者通常会认为传播越广泛的产品，其性能就越好，流量越高的服装就是当下最美、最时髦的服装。服装企业通常会利用消费者从众的心理，来营造某一服装产品十分畅销、热门的营销环境，如中国风热潮（图2-2）。

图2-2　中国风服饰设计

第二节 服装市场营销宏观环境解析

服装市场宏观营销环境是指直接引导企业营销活动的方向并且企业无法直接控制和改变的因素,如经济、政治法律、社会文化、自然生态以及科学技术等客观因素。对服装市场宏观营销环境进行客观的分析,可以使企业的营销活动更好地适应宏观营销环境的变化,也可以让企业及时做出调整来抓住机遇和面对挑战。

一、经济环境

经济环境是指影响服装企业营销方式与规模的外部社会经济条件,同时也是实现消费者需求的重要外部因素,其中包括经济发展水平、行业发展状况、城市化程度及消费者收入水平等多方面的因素。服装企业的各种营销活动都应以经济环境为背景,能否适时地依据经济环境进行市场决策,是营销活动成败的关键,经济环境的状况直接影响着服装企业营销策略的计划与实施。服装企业可以从以下方面来对经济环境进行分析和把握。

1. 消费者的收入

不同时期、不同地区、不同阶层的消费者,其收入水平都是不相同的,但总的来讲,消费者的人均收入可以很直观地反映一个国家或一个地区的经济发展水平。消费者收入越高,对消费品的需求与购买力就越多、越大。消费者收入一般表现为国内生产总值、个人收入和可任意支配的个人收入。

(1)国内生产总值。简称GDP,是一个国家或地区所有常住单位在一定时期内生产活动的最终成果,它是衡量一个国家经济实力与购买力的重要指标。国内生产总值越高,人们对商品的需求和购买力就越大。

(2)个人收入。指一个国家一年内个人获得的全部收入。个人收入反映了该国个人的实际购买力水平,也是预测未来消费者的购买动向及评估经济情况好坏的有效指标。

(3)可任意支配的个人收入。指除去维系个人及家庭生活的部分收入。可任意支配的个人收入是影响服装消费需求最活跃的因素。

2. 消费者的支出结构

消费者的支出结构是指各类消费支出在个人或其家庭的总消费支出中的比例关系。消费者收入的变化对消费者支出模式有着直接的影响。德国统计学家恩斯特·恩格尔(Ernst Engel)提出的恩格尔定律对此进行了描述,经过后人的修正,其主要内容是:一个家庭收入越少,总支出中用于购买食品的比例就越大。随着家庭收入的增长,用于购买食物的支出占总支出的比例下降,而用于其他方面的支出(如通信、交通、服装、娱乐、教育等)和储蓄所占的比重将上升。

服装作为人们"衣食住行"的生活必需品,是消费者日常支出的重要部分,服装既有穿着的实用功能,也具有装饰、美化以及满足人心理的作用,一般可以从服装支出占消费者的总支出的比重来判断消费者的购买能力。

3. 社会购买力

社会购买力指的是一定时期内社会各方面用于购买商品与劳务的货币支付能力。社会购买力决定着市场的规模，影响着市场的需求结构，制约着企业的营销活动，服装企业应密切注意由社会购买力引起的市场需求变化。

（1）市场供求状况。市场供求状况是指商品的供应和需求状态。当企业的产品在市场上处于供不应求的状况时，企业生产量的扩大和销售量的增加就相对容易得多，而产品在市场上处于供过于求的状况时，企业所承受生产和销售的外部压力就大得多。改革开放前，我国纺织服装市场处于供不应求的状态，纺织品限量供应，成衣比例低，而如今我国纺织服装市场商品丰富，竞争激烈，服装企业所经受的外部压力增大。市场供求状况直接影响服装企业的销售水平，因此，服装企业对市场供求状况进行调查和分析、及时调整企业的产品策略是十分必要的。

（2）通货膨胀。通货膨胀的出现会从多方面恶化服装企业的营销环境。首先，通货膨胀会直接引起物价上涨，提供错误的市场信息，造成经营错误决策。因为商品价格是市场机制赖以发挥作用的重要信号，而在通货膨胀的情况下无疑会发出虚假的市场价格信号，使服装商品生产经营者作出错误的判断和选择，误导资源配置和资金投向，影响经济稳定、协调地发展，增加服装企业未来发展的风险。其次，生产要素涨价，不仅会提高产品的生产成本，还会对企业的资金周转、营销组合等方面形成冲击。最后，持续的通货膨胀还会引起价格体系、市场机制和市场秩序的混乱，破坏整个国民经济的正常运行，进而在整体经济环境上给企业带来严重的困难。鉴于以上原因，服装企业必须注意监视通货膨胀及其带来的影响。

（3）储蓄与借贷。社会购买力与居民储蓄密切相关，居民储蓄来源于货币收入，最终还是会用于消费。一定时期内消费者储蓄的增加或减少会影响消费者近期的消费支出，消费者的借贷情况也会影响社会购买力的增减变动。消费者储蓄与借贷的情况对住房、汽车、教育等方面的影响较大，对服装购买力的影响较小，对服装购买力的影响大多集中在服饰奢侈品上（图2-3）。

图2-3 服饰奢侈品

二、政治法律环境

政治环境是指企业进行营销活动的外部政治形势、国家方针政策及其变化。法律环境是指国家或地方政府颁布的各项法规法令和条例。在任何社会制度下，企业的营销活动都必定要受政治与法律环境的规范、强制和约束，服装的生产与穿着也不例外，服装的穿着与经营都必然以政治法律环境允许为前提。中国古代等级制度森严，服饰制度与人们的生活息息相关，是中国古代礼俗的重要内容，许多朝代的法典中大都设立了关于服饰制度的篇目，对社会各阶层冠冕服饰的形制、颜色、图案、质地等加以规定和限制。现代社会，人们的穿着以及服装企业的生产经营依旧需要遵守政治法律制度。我国现行法律规定服装企业应该遵守《中华人民共和国公司法》《商业特许经营管理条例》《中华人民共和国知识产权法》《零售商促销行为管理办法》等，这些法律法规均维护企业的合法利益，有利于企业的发展。

安定的政治局面有利于经济的发展和人民收入的增加，国家和政府的方针政策规定了国民经济的发展方向，这都直接关系到社会购买力的提高和市场消费需求的增长变化。在如今的现代市场经济之中，政治法律环境对市场消费需求的形成和实现具有一定的或决定性的调节作用，政治法律环境是指导服装企业开展市场营销活动的基本原则，是带有强制性质且是企业不可控制的，企业的一切活动只有符合政治法律环境才能生存和发展。

三、社会文化环境

社会文化作为一个社会历史范畴，涵盖面很广，一般主要指一个国家或地区的民族特征、价值观念、生活方式、风俗习惯、宗教信仰、伦理道德、教育水平和语言文字等的总和，这里主要从以下几方面进行分析。

1. 教育水平

教育是按照一定目的要求，对受教育者施以影响的一种有计划的活动，是传授生产经验和生活经验的必要手段，反映并影响着一定的社会生产力、生产关系和经济状况。教育水平的高低不仅直接影响着人们的消费行为和消费结构，而且制约着服装企业的市场营销活动。教育水平高的消费者对新产品的接受能力较强，他们对商品的内在质量、外观形象、技术说明以及服务有较高的要求。而教育水平低的消费者对新产品的接受能力弱，他们对操作简单方便的商品、通俗易懂的说明书有着更高的要求。对于企业来说，在教育水平高的国家或地区，可以聘用调研人员或委托当地的调研机构完成所需调研的项目，服装企业的促销宣传要灵活多变，可选择网络新媒体、社交平台、报纸、杂志等进行传播。而在教育水平低或文盲率高的国家或地区，服装企业在开展调研时要有充分的人员准备和适当的方法，在开展促销宣传时应更多地选择电视、广播媒体等。

2. 宗教信仰

从历史角度看，世界各民族消费习俗的产生和发展变化与宗教信仰是息息相关的。不同的宗教信仰者有不同的文化倾向和戒律，从而影响着人们认识事物的方式、行为准则和价值观念，影响着人们的消费行为、消费习惯，进而影响市场消费结构。因此，企业应了解各种宗教信仰对企业市场营销和消费者购买行为的影响，针对不同宗教信仰者的追求、偏爱，提供不同的产品。在产品的设计、制造、包装、促销等方面制定相应的营销策略，否则企业的营销工作就会遭到麻烦，甚至造成重大损失。宗教对营销活动的影响可以从宗教分布状况、宗教要求与禁忌以及宗教组织和宗教派别几方面分析。

3. 价值观念

价值观念是指人们对社会生活中各种事物的态度和看法。在不同的文化背景下，人们的价值观念差异很大，而且一旦形成很难改变。价值观的不同，必然带来消费者对商品需求以及购买行为上的差异。

面对价值观不同的消费者，服装企业市场营销人员必须采取不同的策略。对于乐于变革、喜欢新奇、富于冒险精神、比较开放的消费者，服装企业应重点强调商品的新颖和奇特；对于那些比较保守、喜欢沿袭传统消费方式的消费者，服装企业在制定有关策略时，应把产品与目标市场的文化传统结合起来。对于不同的价值观念，营销管理者应研究并采取不同的营销策略。

4. 消费习俗

消费习俗是指消费者受共同的审美心理支配，一个地区或一个民族的消费者共同参加的人类群体消费行为。它是人们在长期的消费活动中形成的一种消费风俗习惯。在习俗消费活动中，人们具有特殊的消费模式。它主要包括人们的饮食、婚丧、节日、服饰、娱乐消遣等物质与精神产品的消费。

不同的消费习俗具有不同的商品需求，这会给企业带来营销机会。服装企业研究消费习俗，不但有利于组织好消费品的生产与销售，而且有利于正确、主动地引导健康的消费。了解目标市场消费者的禁忌、习俗、信仰、伦理以及避讳等，做到入乡随俗，是服装企业有针对性地开展营销活动并取得成功的重要前提。

5. 消费流行

社会文化多方面的影响使消费者产生共同的审美观念、生活方式和情趣爱好，从而导致社会需求的一致性，这就是消费流行。消费流行在服饰、家电以及某些保健品方面表现最为突出。

6. 亚文化群

每一个社会或每一种文化都可以按照某种标志分为若干个不同的亚文化群，如种族亚文化群、民族亚文化群、宗教亚文化群、地理亚文化群、职业亚文化群以及年龄亚文化群等。企业应该立足于社会人文环境，进行具体的调研，如若服装企业的生产与营销活动不符合某一时期或某一地区的社会人文环境，很容易造成不必要的麻烦和导致营销市场的流失。

四、自然生态环境

自然环境是指企业生产经营活动中所面对的地理、气候、资源等方面的种种状况。服装营销活动要受自然环境的影响，也对自然环境的变化负有责任。营销管理者当前应注意自然环境面临的难题和趋势，如资源短缺、环境污染严重、能源成本上升等。另外，许多国家政府对自然资源管理的干预力度也日益加强。人类只有一个地球，自然环境的破坏往往是不可弥补的，服装企业营销战略中实行生态营销、绿色营销等，都是维护全社会的长期福利所必然要求的。因此，服装企业在营销过程中需要重视自然环境方面的变化趋势，正确把握它给企业带来的威胁和机会。

服装企业的生产活动与自然生态环境紧密相连，服装企业原材料的提取、能源的供给都可以从自然生态环境中获得，服装企业对所处自然生态环境的选择对产品生产的成本影响很大。如我国华东地区盛产茧丝，这一带丝绸原料供应充足，因此，在这一带服装市场上，丝绸服装品种齐全，款式各异（图2-4）。

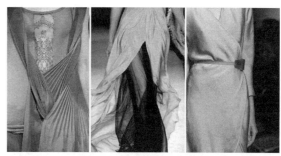

图2-4　蚕丝服装

自然环境不同，人们对服装的需求也不同。生活在寒冷冰雪地带的因纽特人，为了御寒而裹上厚厚的动物毛皮；生活在酷暑难耐的沙漠边缘的阿拉伯人，为了减少紫外线和风沙的侵害，戴上头巾、穿上布袍。自然生态环境决定了消费者对服装的要求，这也意味着服装企业在选择目标市场时必须充分考虑到自然生态环境。

服装企业的活动也深深影响着自然生态环境，企业的生产活动直接和间接地造成了自然环境的恶化，如人们日常所钟爱的牛仔服装（图2-5），其生产和洗涤的过程对河流造成了严重的污染。

对自然生态环境的保护是每一个服装企业都应该重视的问题，这关系到企业的可持续发展。企业对废弃物的处理应该符合环境保护的要求，除此之外，服装企业还可以探索更多环保服装材料来进行生产，许多国家和品牌推出了环保纺织品和环保服装（图2-6），这也是这些

图2-5　牛仔服装

图2-6　环保主题服饰设计

年逐渐普及和发展的新的服装流行。总而言之，企业要想生存与发展，一定要重视自然生态环境。

五、科学技术环境

服装市场宏观营销环境中的科学技术环境是指服装企业所涉及的某个国家或某个地区的科技发展水平、科技政策和科学技术的进步以及新技术的应用对服装企业的影响。科学技术环境的改变对服装企业的影响涉及企业服装面料的设计、生产方式的革新、营销方式的改变等诸多环节。

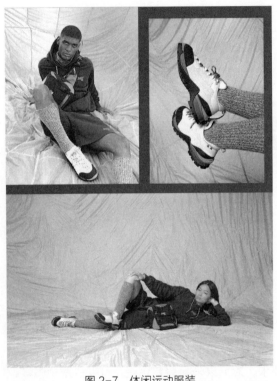

图2-7　休闲运动服装

1. 面料的设计

以往的服装面料市场多以天然面料或纤维化学面料为主，随着科技的进步，耐用实穿的化学面料越来越多。如运动员身上所穿的紧身衣大部分是氨纶材料或者聚酯纤维面料，这些运动服材料具有较好的吸汗性，让运动员穿着更为舒适（图2-7）。新型的面料不仅更加实穿，可实现的造型和设计效果也更多，有些化学面料还可以模仿出天然面料或植物染料的效果，人造皮草现在也是随处可见。

科学技术的进步，使服装面料制作的手法也越来越多，这为服装企业或服装设计师在面料的探索上提供了更多的可能性。面料再造是现代服装设计中经常使用的设计方法，通过对不同的材质进行多元化的手法处理，从而得到新的面料设计。面料复合是面料再造的手法之一，采用双面衬进行面料与面料之间的黏合，再用压烫机给予面料压力和热量，这样面料与面料之间便会有很强的牢度，从而合成为一张新的面料。压烫机和双面衬都是科学技术进步的产物，除此之外，现在流行的面料再造技术还有3D打印、激光雕刻（图2-8）、数码印花、机器绣花等。

2. 生产方式的革新

先进的科学技术不仅使服装企业的产品更加丰富新颖，还让企业的生产更加便捷高效。数码印花、机器绣花等手法在现代服装企业的生产中十分常见，大部分的手工技法如今都可以用机器来取代处理（图2-9），包括现在服装企业的服装软件也在日新月异地升级，这些都让企业的生产更加程序化和智能化，服装生产不仅变得方便快捷，还为企业节约了时间与成本。

图2-8 激光雕刻面料

图2-9 不同工艺在服装中的应用

3. 营销方式的改变

新的科学技术不仅会引起服装企业产品结构的变化，也会引起服装企业市场营销策略的变化。如今的服装企业营销方式更加多样新颖，这些都得益于现代互联网技术的发展，线上营销已成为服装企业主要的推广营销方式。企业应该敏锐洞察科技的发展状况，抓住机遇，让新科技为自己所用。

科学技术的发展不仅对服装企业有影响，同时还会影响消费者的购物习惯，从以往传统的以线下购物为主的生活方式到如今的线上购物，科学技术正在潜移默化地改变着消费者的生活习惯。科技在不断发展，线上购物的形式也在不断变化，以往淘宝是人们主要的线上购物软件，但随着近几年各大社交APP(应用程序)的流行，淘宝的市场被分流了很多，如在抖音、小红书这些以短视频和流行图片为主的社交软件上可以直接开设购物的店铺。再比如通过工厂直销的商品批发平台，人们购买服装可以直接跟工厂对接，没有中间商赚差价，产品更加便宜低廉。

服装企业的发展离不开科学技术的进步，服装企业必须学会借助先进科学技术，向智能化的生产模式发展并生产出更多品种、更高质量、更加新颖的产品。每种新技术的产生或新技术内部的革新与发展，都有可能给企业带来新的发展方向，企业要牢牢把握科学技术环境中的发展机遇。

第三节 服装市场微观营销环境分析

服装市场微观营销环境是指直接影响服装企业营销能力和效率的内部因素之和，最主要的因素有生产者、消费者、竞争者、营销中介、企业内部环境、社会公众等，这些因素之间相互配合、相互作用，直接影响企业的整个营销活动。以下围绕几个主要的服装市场微观营销环境因素进行分析。

一、生产者

生产者亦指供应商,是指向企业提供所需资源或服装成品的组织或个人。生产者是服装市场微观环境中的首要因素,生产环节直接影响着企业产品的质量、成本、销售量和生产进度,以及服装企业营销决策的计划和实施,同时还影响着企业为消费者提供商品或服务的能力。

企业的生产是由人力、资金、材料以及各种生产所需的资源组成的,合格的生产一定是系统完整、分工明确且有秩序的。

影响服装企业供应与生产的因素包括以下几点。

1. 人力资源

服装企业的生产不仅依赖机器的生产,人力资源在服装的生产中也十分重要。一方面,不是所有的服装工艺都可以使用机器完成;另一方面,服装款式的设计、市场流行趋势(图2-10)的调研等一系列的工作都需要依靠人的智力来完成。

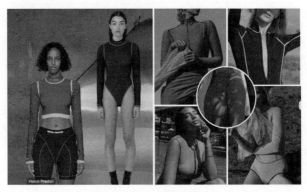

图 2-10　泳装流行趋势

2. 资金

资金贯穿企业生产的始终,没有资金就没有生产,没有预算充足的资金就没有高质量的生产。企业在进行生产时,不能只准备生产的资金,还需要准备再生产与周转的资金。因为从资金投入生产到销售给消费者,最终获得收益是需要一定时间的,资金链断裂、资金周转不当都极有可能导致服装企业破产。

3. 材料

不同类型、不同地区的服装企业,所需要的服装原材料不同。企业经营模式的差异性,决定了企业材料的来源也有所不同,有的企业可以自主解决材料的来源,有的则需要对外进行采购。虽然线下采购是服装企业最主要的采购方式,但随着科技的发展,也逐渐流行起了线上采购。如1688(阿里巴巴)是中国领先的小企业国内贸易电子商务平台,为全球数千万的买家和供应商提供商机信息和便捷安全的在线交易。该平台以批发和采购业务为核心,通过专业化运营，完善客户体验，全面优化企业电子商务的业务模式。目前已覆盖原材料、工业品、服装服饰、家居百货、小商品等16个行业大类，提供从原料采购—生产加工—现货批发等一系列的供应服务。

材料的选择不仅关系着企业生产的质量，也关系到企业生产的成本问题。如何选择材料，如何合理地节省材料的成本输出是每个企业都关注的问题。人力资源、资金以及材料是组成服装企业生产的关键要素，企业可以从这几个方面入手对生产环节进行把控。总而言之，企业的生产能力越强，生产各部门间配合得越好，则企业的营销能力就越强，企业的内部营销环境也就越优越。

二、消费者

消费者即服装企业的目标市场，也是服装企业服务的对象。服装企业的营销目标就是使自身的产品与服务满足消费者的需求，换言之，服装企业的所有活动都是围绕消费者的需求展开的。企业应按照顾客及其购买目的的不同来细分目标市场。服装市场按不同的标准可以划分为以下几种类型。

（1）按服装商品的销售区域，可以分为国内市场和国际市场。国内市场又可以分为农村市场、本地市场、外埠市场、南方市场、北方市场等。国际市场指国境以外的一切允许我国服装企业进行营销活动的场所，如北美市场、东南亚市场、欧盟市场等。

（2）按服装商品的经营范围，可以分为综合性市场和专业性市场。综合性市场销售的服装产品具有多品种、多档次的特点，以迎合不同类型消费者的需求。如大型百货商场的服装部。专业性市场则是指销售针对性较强的服装产品，满足消费者对某一特定服装品牌的需求，如内衣专卖、专营运动服装等。

（3）按服装购买方式（市场组织形式），可以分为服装自选市场、邮购市场、网购市场等。

（4）按服装交易方式，可以分为服装零售市场、服装批发市场等。

（5）按消费者性别和年龄层次，按消费者性别划分有男装市场和女装市场，按年龄层次分为童装市场、青少年市场、中年市场、老年市场等。不同的年龄层次具有不同的形体特征和审美倾向，对服装的风格、功能等方面要求不尽相同。

（6）按服装购买者的目的，可以分为服装消费者市场和服装组织市场。服装消费者市场是指以满足个人生活需要购买服装产品而形成的商品交易关系的总和。服装消费者市场人数众多，市场广阔，需求差异大。服装组织市场是为满足中间商经营的需要和社会集团消费的需要而提供产品和劳物的市场。它包括中间商市场和社会集团消费市场两大类。服装品牌中间商市场是指企业生产的服装产品转移到消费者手中其间要经过流通环节。也就是说产品要先到达中间商市场，之后才进入消费者市场与消费者见面。社会集团消费市场包括企业集团和政府机构市场，它们所消费的服装产品有劳动保护服、团体服、学生服等。

三、竞争者

竞争者一般是指为相似的消费群体提供相似产品或服务的企业或个人，服装市场微观营销环境中的竞争包括产品竞争、技术竞争、规模竞争、价格竞争、品牌竞争、服务竞争、渠道竞争等。

分析服装市场微观营销环境中的竞争者因素，就是从服装行业整体的供应状况、行业特点等方面进行分析。服装企业的竞争能力决定了其在服装行业的根本盈利能力，分析服装市场微观环境中的竞争者因素可以使企业更好地认清自身的优势与缺陷，帮助企业找到自身发展的突破口，参考行业竞争中的对标企业也可以为自身提供可以利用的经验与帮助。任何企业在市场竞争中，主要是研究如何加强对竞争对手的辨认与抗争，采取适当而高明的战略与策略谋取胜利，以不断巩固和扩大市场。

四、营销中介

营销中介是指协助企业分配销售，推广其产品给最终购买者的组织、平台或个人，包括中间商、实体分配机构、营销服务机构和金融机构。大多数服装企业的营销活动都必须通过营销中介的配合才能顺利进行。

图 2-11　服装买手店

1. 中间商

中间商是指帮助服装企业寻找目标顾客或者完成销售的分销组织，包括批发商和零售商，如今许多服装企业通过供货给买手店（图 2-11）或者线上平台实现商品的分销。中间商是服装企业与顾客对接的重要桥梁，它们的工作效率和服务质量直接影响到服装企业的产品销售状况。

2. 实体分配机构

实体分配机构指的是协助服装企业进行仓储、物流运输的相关机构。它的作用在于使物流畅通无阻，为服装企业创造时间和空间效益。服装企业必须权衡成本、交货期、物流速度、货品安全等因素，选择最佳的储运和运输方式，当实体分配机构不能够满足服装企业的需求时，企业要及时做出调整和更换。

3. 营销服务机构

营销服务机构是指协助服装企业寻找合适的目标市场，并为其促销产品的组织，包括市场调查公司、广告公司、宣传媒介和营销咨询公司等。如今的营销服务机构可提供的服务类型多样，如果服装企业决定利用这些营销服务机构，应该审慎选择，因为这些公司在创意、品质、服务和价格等方面存在一定差异。除此之外，服装企业还应定期评估它们的服务效果，及时更换表现不佳的营销服务机构。

4. 金融机构

金融机构指在企业营销活动中进行资金融通的机构，包括银行、信托公司、保险公司等。金融机构的主要功能是为服装企业营销活动提供融资及保险服务。在现代化社会中，任何企业都要通过金融机构开展经营业务往来。金融机构业务活动的变化还会影响企业的营销活动，比如银行贷款利率上升，会使企业成本增加；信贷资金来源受到限制，会使企业经营陷入困境。为此，服装企业应与这些公司保持良好的关系，以保证融资及信贷业务的稳定和渠道的畅通。

供应商和营销中介都是服装企业向消费者提供产品或服务价值过程中不可缺少的支持力量，是价值让渡系统中主要的组成部分。企业不仅仅把它们视为营销渠道成员，更要视为伙伴，追求整个价值让渡系统业绩的最大化。

五、企业内部环境

一般服装企业是由高层管理者、财务部门、研发部门、采购部门、营销部门等服装企业内部对市场营销产生影响的决策部门和职能部门组成的。各部门之间配合得越好，则企业的营销能力就越强，企业的内部营销环境也就越优越。优越的企业内部环境可以保障企业内部与外部运营的合理性，使企业能够更加扎实和稳妥地在错综复杂的服装市场中生存与发展。

六、社会公众

社会公众是指对本企业实现营销目标的能力具有实际的或潜在利益关系以及影响力的群体或个人。社会公众对服装企业的态度会对其营销活动产生巨大的影响，既有助于企业树立良好的形象，也可能损害企业的形象。所以，服装企业必须处理好与主要公众的关系，争取公众的支持和偏爱，为自己营造和谐、宽松的社会环境。社会公众主要包括以下几类。

（1）金融公众。指影响企业融资能力的金融机构，如银行、投资公司、证券经纪公司、保险公司等。

（2）媒介公众。主要是指报纸、杂志、广播电台和电视台等大众传播媒体。

（3）政府公众。指负责管理企业营销业务的有关政府机构。企业的发展战略与营销计划必须与政府的发展计划、产业政策、法律法规保持一致，注意了解有关产品安全卫生、广告真实性等法律问题，倡导同业者遵纪守法，向有关部门反应行业的实情，促使政府颁布有利于产业发展的法律。

（4）社团公众。包括保护消费者权益的组织、环保组织及其他群众团体等。

（5）社区公众。指企业所在地邻近的居民和社区组织。

（6）一般公众。指上述各种公众之外的社会公众。一般公众虽未有组织地对企业采取行动，但企业形象会影响他们的惠顾。

（7）内部公众。企业的员工，包括高层管理人员和一般职工，都属于内部公众。企业的营销计划，需要得到全体职工的充分理解、支持和具体执行。经常向员工通报有关情况、介绍企业发展计划，发动员工出谋献策，关心职工福利，奖励有功人员，可以增强企业内部凝聚力。员工的责任感和满意度必然会传播并影响外部公众，从而对企业塑造良好形象产生影响。

第三章
服装市场细分与目标市场选择

服装企业进行市场细分，建立以目标市场选择为基础的营销战略，不仅可以有针对性地建立自己的市场，提升企业竞争力，还可以将企业有限的资源集中、整合，降低营销的成本。服装市场细分与目标市场选择是企业制定营销策略的重要内容和基本出发点。

服装市场的选择和市场定位主要经过三个步骤：第一步是市场细分，即按照消费者需要的个别产品和营销组合，将整个市场分为若干个不同购买群体；第二步是目标市场的选择，即判断和选择企业需要进入的一个或多个细分市场；第三步是市场定位，即建立该产品在市场上的关键特征，树立产品在消费群体中的形象和地位。

第一节　服装市场细分

市场细分是选择目标市场的基础工作。服装企业在选定目标市场前，必须先将市场按照一定标准进行细分。认识市场的潜在需求，结合企业的资源和优势并选择合适的目标市场，围绕所选定的目标市场设计产品、服务、价格、促销和分销等策略，从而满足细分市场内消费者的需求。

一、服装市场细分的概念

市场细分是指企业按照某种标准，根据顾客选择产品的不同需求，将整体市场划分为若干具有独立特征、存在明显差异的子市场的过程。市场细分是市场营销管理中制定营销战略的重要步骤，也是市场定位、确定目标市场的重要前提。市场细分的根本目的在于使企业有针对性地认知需求，以便企业利用自己的特点和优势来满足特定的需求。

市场细分的客观依据是同类产品消费需求的差异性。根据顾客需求的差异程度，市场可被分成同质市场和异质市场。当顾客对某一产品的需求基本相同、对企业营销策略的反应也大体相同，这种产品的市场就是同质市场，例如普通食盐的市场就是一个同质市场。显然同质市场不需要进行细分，但是大多数产品的市场都是异质市场，即消费者对同一产品的消费需求各不相同。所谓的市场细分也就是把一个异质市场划分为若干个相对来说是同质市场的过程。对于服装企业来说，消费者对其产品的需求无论在质量上，还是款式上都会千差万别。服装产品市场无疑是一个异质市场，因此，服装企业必须对市场进行细分（图3-1）。

图3-1　女款羊羔毛服装

第三章 服装市场细分与目标市场选择

市场细分是 1956 年由美国市场营销学家温德尔·史密斯（Wendell Smith）首先提出来的一个概念。市场细分概念的提出是第二次世界大战后，企业营销思想和营销战略的新发展，更是企业贯彻以消费者为中心的现代市场营销观念的一大进步。我国著名品牌营销专家兰晓华认为市场细分有两种极端的方式：完全市场细分与无市场细分。在该两极端之间存在一系列的过渡细分模式可以为服装企业细分市场提供帮助与参考。服装市场的细分大致可以分为以下几种。

1. 完全市场细分

所谓完全细分就是市场中的每一位消费者都单独构成一个独立的子市场，企业根据每位消费者的不同需求为其生产不同的产品。服装高级定制（图 3-2）就是完全市场细分的模式，而对于生产成衣的企业，这种模式是不经济、不现实的。

2. 无市场细分

图 3-2　服装高级定制

无市场细分是指市场中的每一位消费者的需求都是完全相同的，或者是企业有意忽略消费者彼此之间需求的差异性，而不对市场进行细分。这种模式适合生产批量化、大众化成衣的企业（图 3-3）。

3. 按标准细分

按一个标准细分是针对通用性较大、挑选性不太强的产品，一般按对购买者影响最强的标准进行细分。如以性别为标准进行细分，企业可以生产基础款的女性连衣裙、女性短裙等（图 3-4）。

图 3-3　大众化服装成衣设计

图 3-4　女款裙装

4. 按综合标准细分

综合标准细分是指企业细分市场时选择两个以上标准，从多个角度对整个市场进行细分。例如服装企业可以以性别和职业等标准来区分，也可以以年龄和风格等标准进行细分。

二、服装市场细分的程序

服装市场细分具有一定的程序性，无论是以何种标准细分的服装市场，企业都要按一定的步骤进行细分，这样才能更好地达到细分市场的目的。服装市场细分一般要遵循以下几个步骤。

1. 选择营销目标

企业进行市场细分往往是在已经划分出的一个市场中再进行局部市场细分。服装市场可以选择女装、男装、老年装、童装、配饰等，在这些类别里根据风格、档次等还可以再进行细分。企业要在细分的基础上，选择合适的营销目标。

2. 筛选细分市场

服装企业通过调查，分析各个细分市场及目标消费者的特点，结合企业的目标与能力，排除一些不需要的一般性的消费需求因素，合并一些特点类似的消费需求因素，筛选出适合企业发展的市场。

3. 评估细分市场

服装企业通过评估细分市场，分析各细分市场的竞争状况、需求状况和变化趋势等，选择理想的细分市场发展。

4. 确定细分标准

服装企业往往根据以往营销的结果或者目标市场中有借鉴价值的对标企业进行分析和参考，确定细分的标准。细分市场进行到这一步骤，所确定的细分标准一定是更为具体明确的，服装企业细分标准更多的是选择两种以上的标准进行结合。例如，一家生产配饰企业可以按照风格和价格等标准来细分其产品的市场。

5. 选择细分市场

通过分析和评估，企业可能发现若干个有利可图的细分市场，但企业的资源和生产能力是有限的。因此，企业应将这些细分市场按照自身的目标进行排序，最终确定适合的目标市场。

市场细分后的子市场，消费者的需求更加清晰具体，这样便于企业了解各个消费群的需求情况。同时，在细分的市场上，服装企业能够更好更快地掌握反馈信息，一旦消费者的需求发生变化，企业可迅速调整营销策略以适应市场的变化，这样在提高服装企业应变能力的同时还可以提升其竞争力。

服装企业进行市场细分可以有效地了解市场的竞争情况，易于企业分析每个细分市场上各个竞争者的优势和弱点，并有针对性地制定营销策略，增强企业的竞争能力，提高经济效益。除此之外，了解细分市场的竞争情况，发现哪些细分市场竞争激烈，哪些细分市场缺少竞争或尚未开发，不仅可以避免服装企业参与激烈的竞争，还易于企业发现更好的市场机会。

同时，服装企业可以对每一个细分市场的供求关系、购买潜力、消费者需求满足程度、竞争情况等进行分析对比，有利于企业发现新的市场机会。对于尚未满足消费者需求的市场，企业可以结合自身的状况从中选择合适的目标市场，设计出相宜的营销战略，抓住市场机会并迅速占领新市场，从而取得较大的经济效益。

三、服装市场细分的标准

服装市场细分的标准是依据目标顾客群体的不同需求来制定的。服装市场的细分应该符合客观实际，为服装企业选择目标市场提供有价值的依据。消费者对服装的需求，无论从面料、款式、色彩、做工来讲，还是从消费者的心理满足程度等方面来讲，都是有很大差异的。这种差异性是服装市场细分的客观基础。消费者对一种服装产品多样化的市场需求，通常是由多种因素造成的，这些因素包括消费者的年龄、性别、收入、文化程度、地理环境、心理等因素，这些因素是市场细分的标准和依据。市场细分的标准是实施市场细分时所依据的、能够表明消费者需求的不同特征的主要因素，一般包括以下四类。

1. 人口因素细分

人口因素细分标准是按人口的状况及相关属性的区别来制定的。这方面的具体因素包括年龄、性别、职业、收入水平、受教育程度、民族等，人口因素是市场细分最流行的标准和依据。人口变量与需求差异性之间存在着密切的关系，不同的年龄组、不同文化水平的消费者，会有不同的生活情趣、消费方式、审美观和产品价值观，因此对服装产品必定会产生不同的消费需求。经济收入的高低不同，也会导致人们对服装产品在质量、档次等方面的需求差异。

从服装消费者的角度来看，年龄、性别、职业、收入及受教育程度等方面的因素对其需求层次及需求满足程度影响较大。

（1）年龄。在不同的年龄阶段，消费者由于生理、心理、爱好、社交、举止等方面有各自显著的特征，因此，对消费品的需求往往有很大差别，从而也就构成了各具特色的不同年龄结构的细分市场。

如目前我国大多数休闲服装企业都看好年轻人的市场。休闲服装以活动、跳跃、充满青春气息为特点，特别符合当今中学生及20～30岁年轻人的消费心理。

（2）性别。由于男女两性在自然生理以及心理因素等方面存在差别，因而在服装消费过程中表现出明显的消费差异。性别这一因素历来是服装企业进行服装市场细分的重要依据。如在服装的购买活动中，女性发挥着特有的作用，她们往往具有强烈的感情色彩，容易受外界因素的影响，注重服装产品的外观。因此，她们的购买行为直接影响到大多数服装产品的设计制作和经营方式（图3-5）。

（3）职业。职业与服装需求密切相关，不同职业者对服装的选择有很大差异。如律师、政府工作人员、教师等工作性质比较严肃，因此对服装的选择比较传统；而艺术工作者、自由职业者则对服装的个性化要求比较高。

（4）受教育程度。消费者接受的教育程度不同，在志趣、生活

图3-5 男女服装色彩对比

方式、文化素养、审美观念等方面都会有所不同，这些因素对消费者选购服装也会产生很大影响。

（5）收入水平。消费者的收入水平是决定其购买力大小的直接因素，是市场细分的重要依据。收入水平不仅决定消费者购买商品的支出总额，而且也决定消费者购买商品的性质。如专门为高收入者提供面料精美、做工细致、价格昂贵的奢侈品名牌。

2. 地理因素细分

按照消费者所处的地理位置、自然环境来细分服装市场称为市场地理细分，主要包括国家、地区、城镇、农村、气候等方面的因素。由于地理条件的不同，消费者对服装产品的性能、质量、规格等要求有明显的差异。例如，我国南方和北方的服装消费者对服装的面料、花色、款式及功能的要求有所不同，城市和村镇的服装消费者对服装的时尚及流行的追求有较大的反差。

处于不同地理位置的消费者，由于各自的气候、传统文化、经济发展水平等因素的差异，对服装各有不同的欲望和要求。他们对服装产品的价格、销售渠道等营销措施的反应也常常存在着差别。

3. 心理因素细分

按照消费者的心理特征来细分市场，称为心理因素细分。处在同一人口因素群体中的人可能会有不同的心理特征，它主要包括消费者的个性、爱好、购买动机、消费习惯、生活态度等因素。不同的心理因素是导致消费需求具有个体差异的内在依据。消费者的社会阶层、生活方式不同，其对服装产品的偏好也会有所不同。

消费者的个性特征也是服装企业细分服装市场的一个重要因素。个性通常是指在同一情况中个人特有的行为方式，个人的性格特点会存在于个人的整体行为中。消费者的个性不同，对服装的态度、购买行为和接受新产品的能力也就不同。服装企业使自己的产品具有与某一类消费者相一致的个性，就会提高消费者对产品的使用频率和对该产品品牌的好感度。

4. 行为因素细分

根据消费者不同的购买行为来细分市场，称为行为因素细分。在行为因素细分中，是以消费者对产品的态度、使用状况和反应为基础来划分市场的。消费者在购物过程中的行为因素主要包括以下几项。

（1）购买时机。消费者选择的购买时机就是企业产品的销售机会。例如我国的传统节日春节、儿童节、妇女节等都是服装产品旺销的市场机会；而近年来的"假日消费"就是营造出来的购买时机（图3-6）。

（2）购买场合。购买场合就是消费者购买商品的场所、地点。依据这一因素，可以直接或间接地把握某一消费者群消费行为的倾向性。

（3）对产品的态度。消费者对服装产品的态度有主动购

图3-6 节日感服饰

买、被动购买、经常购买、愿意使用、拒绝使用等。一个消费者群有兴趣使用或者拒不使用某服装，就决定着该服装产品在这个细分市场中有无销售机会或销售前景，如中国风热潮。

（4）使用状况。产品的使用状况是指消费者对产品的使用程度和使用频率。根据消费者对产品的使用程度，可以把消费者分为非使用者、曾经使用者、初次使用者、经常使用者和潜在使用者五个类型。针对使用程度不同的细分市场，服装企业可以采取不同的广告策略和推销方式。而按消费者对产品的使用频率，可以把消费者分为少量使用者、中量使用者和大量使用者，服装企业可依据这些特点确定服装产品的批量或价格水平。

服装企业在实际的市场营销活动中往往依据上述几个细分变量的不同组合来进行市场细分，充分重视各细分因素的变化，结合本企业实际需要灵活选择。并且在不同的时期，选择的标准也应有所变化，以便寻找更好的市场机会，取得更佳的经济效益。

第二节　服装目标市场选择

服装企业在进行市场细分后就要确定企业营销活动的目标市场。所谓目标市场，就是企业决定自己的产品或服务要进入的细分市场，即企业为自己的生产经营活动所确定的市场范围。服装企业对不同的细分市场进行价值评估后，对进入哪个细分市场和如何满足该市场消费者需求做出决策，就是目标市场的选择。选择和确定目标市场，明确企业的具体服务对象，是服装企业制定营销战略的首要内容和基本出发点。

市场从它的本意来讲，是指买卖双方用以聚集和交换商品和劳务的场所。对市场营销人员来说，是指产品或服务实际的和潜在的购买者。任何一个企业都会面对众多的买主，但他们对产品的消费需求却往往不同。因此，任何企业都不可能满足全部买主的消费需求。这就决定了企业的市场营销活动总是在特定的市场范围内进行，服装企业也不例外。

一、评估与选择目标市场

选择目标市场，实际上是服装企业对自己产品的具体服务对象的明确化。企业的一切营销活动都是围绕目标市场进行的。服装企业在选择目标市场时一般会考虑以下三种条件（图3-7）。

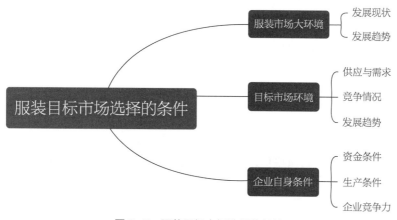

图3-7　服装目标市场选择的条件

1. 服装市场大环境

服装目标市场选择的首要因素便是服装市场大环境，只有对服装市场大环境进行宏观的分析、确定发展路径、挖掘发展机遇，才能确定适合企业发展的目标市场。分析服装市场大环境可以从以下几个方向切入。

（1）发展现状。对服装市场大环境进行分析，首先要看到服装市场目前的状况。如今服装市场的商品不论是在风格上还是品类上都变得十分丰富，传统市场被切割成多元化是一个重要特征，随着人民物质生活水平的提高，消费者对服装市场的需求更趋深入细致。物联网时代的今天，服装市场不断出现定位更精准、创新性更强的服装企业。除此之外，服装市场的消费群体也更加年轻化。企业要想扩大市场占有率，就需要根据如今服装市场的现状进行目标市场的选择。

（2）发展趋势。企业不仅要分析服装市场的发展现状，还需要分析过去和现在服装市场的发展特点，看到服装市场未来的发展趋势，抢占先机、抓住机遇，把握发展的制高点。随着科技的发展，互联网技术的应用，传统的服装市场发生了巨大的改变，网络销售成为主要的营销形式和趋势，服装企业应该与时俱进，及时调整企业的营销方式。

2. 目标市场环境

目标市场环境是影响企业选择目标市场最直接的因素，是服装企业选择目标市场时必须考虑的条件。企业在选择目标市场时，通常会考虑目标市场环境中的以下几个方面。

（1）供应与需求状况。服装企业在选择目标市场时首先要考虑的就是该目标市场是否还存在尚未满足的需要，并结合消费者的需求分析该市场的供应是否趋于饱和，如果该市场的供应已经非常饱和，并且长期处于供大于求的状态，企业就应该考虑是否有在此市场发展的必要。

（2）竞争状况。服装企业在选择目标市场时还要考虑该市场的竞争状况和竞争趋势，如果该市场上的竞争对手多且竞争激烈，或者有竞争者完全控制市场，并且企业自身并没有什么优势，那么企业选择这种目标市场将会面临巨大挑战。

（3）发展趋势。服装企业分析所选择的目标市场时，需要考虑到该目标市场的发展趋势，即该目标市场的服装是否符合当下的流行趋势或市场的需求、该目标市场的购买力如何、企业能否在该目标市场取得一定的销售额和利润、此目标市场未来的发展方向是什么。分析这一系列的问题不仅可以使企业在目前的服装市场得以生存和发展，还可以为以后继续在服装市场发展做好充足的准备，提前的谋划与准备能让服装企业更快更好地抢占行业及市场的制高点。

3. 企业自身条件

企业在选择目标市场时，不仅要把目光停留在所谓已经选择的目标市场，还要考虑自身的条件。目标市场如果与企业自身条件不匹配，不仅不利于扩大在服装市场中的销售额，还会严重影响企业的资金运转，造成不可估量的后果。服装企业从自身的条件出发选择目标市场，大致需要考虑以下几个方面。

（1）资金条件。预算充足的资金是实现一切目标的基础。服装企业的生产、原材料的选择、人才的引进、营销等方面无一不需要投入资金。如果资金条件充足，那么服装企业的很多难题便会随之解决。

（2）生产条件。服装企业的发展离不开好的生产条件，服装从业者的素质、原材料的质量以及其他硬件设备的配置等，都直接决定了服装企业产品的质量。

（3）企业竞争力。企业竞争力是服装企业在选择目标市场时不得不考虑的因素之一。服装企业应该考虑自身是否具有开拓该目标市场的能力，自己在该目标市场的优势在哪里，目标市场中有无企业潜在的竞争优势。企业只有在明确自身竞争优势的基础上，才能更好地在目标市场中发挥自身特长，与竞争对手拉开差距，并在目标市场中占据一席之地。

二、目标市场策略

目标市场策略是指企业将产品的整个市场视为一个目标市场，用单一的营销策略开拓市场，即用一种产品和一套营销方案吸引尽可能多的消费者。目标市场策略大致有以下三种。

1. 无差异营销策略

无差异营销策略又称同一性营销策略，是指企业把整体市场看成一个大的目标市场，认为消费者的需求偏好没有差异或者差异不大，从而只设计一种产品和一套营销组合策略去满足所有的消费者、为总体市场服务的营销策略。

采用无差异营销策略，服装企业仅生产消费者普遍需要的产品，例如基础款T恤或牛仔裤，而不是生产他们所需要的不同的产品。在此情况下，营销人员可以设计单一营销组合直接面对整个市场，凭借大规模的广告宣传和促销，引起最广泛的消费者的兴趣。

无差异营销无疑是经济性的策略，能够帮助服装企业以较低的成本在市场上赢得竞争优势。只生产单一的产品，服装企业除了可以降低生产、储存和运输的成本外，还可以节省广告宣传和促销活动的费用。除此之外，无差异营销不需要进行市场细分的营销调研和规划，可以降低市场调研和设计营销组合方案的成本。

但是，在现实的市场中，消费者的需求和欲望是多种多样的，所有消费者长期接受一种产品的情况是不可能永远存在的。如果企业只采用无差异营销策略，就会造成企业难以适应市场变化而丧失市场机会。

在目标市场营销活动中，无差异营销策略只适用于极少数产品，对于大多数产品来说，这种营销策略并不适用，尤其是服装企业更不能采用无差异营销策略。因为：第一，服装消费需求客观上是千差万别的，是不断变化的，一种服装产品长期为该产品的全体消费者所接受是不可能的；第二，当众多的服装企业都采用这一策略时，整体市场上的竞争就会异常激烈，而小的细分市场上的需求却得不到满足，这对服装企业和消费者都不利。

2. 差异性营销策略

差异性营销策略又称非同一性营销策略、部分覆盖式策略，是指企业将整体市场划分为若干个细分市场，并针对每一细分市场制定一套独立的营销方案。比如，服装企业针对不同性别、不同收入的消费者推出不同品牌、不同价格的产品，并采用不同的广告主题来宣传这些产品，就是差异性营销策略（图3-8）。

图 3-8　个性化服饰灵感

差异性营销策略针对性强，产品多样，能使消费者的需求更好地得到满足，让企业达到扩大销售量的目的。另外，这种营销策略在一定程度上可以减少企业经营的风险。服装企业不依赖于单一市场，富有周旋的余地，并且一旦企业在多个细分市场上获得成功，不仅能提高企业的市场占有率，还有助于企业形象的提升。但缺点是其企业必须具有较高的经营管理水平，因为产品品种多，生产、营销、管理及存货的成本也较高，如果服装企业的资源配置不能有效集中，可能会降低其经济效益，甚至在企业内部出现彼此争夺资源的现象，使拳头产品难以形成优势。

3. 集中性营销策略

集中性营销策略又称密集性营销策略，是指集中力量进入一个或少数几个细分市场，实行专业化生产和销售，使服装企业在一个有限的市场上拥有较高的市场占有率。

集中性营销策略的优点在于能使企业集中运用有限的资源，实行专业化的生产和销售，为消费者提供良好的服务，节省营销费用，提高产品和企业的知名度，在局部市场的竞争中处于有利地位。条件成熟时，企业还可伺机扩大市场，进一步向纵深发展，最终获得较大的成功。对于实力较弱、资源有限的小企业来说，集中性营销策略比较有吸引力。小企业一般没有能力在整体市场上与大企业相抗衡，只有在自己力所能及的某个细分市场上集中力量，提供最好的产品和服务，才能在竞争中获得相对优势，提高产品的市场占有率和知名度。一旦时机成熟，企业便可以迅速扩大市场。

其缺点在于采用这种营销策略的服装企业对单一和窄小的目标市场依赖性太大，一旦目标市场情况发生突然变化，企业周旋余地小，风险大，就可能陷入严重困境，甚至倒闭。另外，在区域相对较小的市场，企业发展可能会受到限制。

三、目标市场策略选择因素

目标市场策略对于服装企业开拓市场、占领市场制高点具有重要的作用。选择哪种目标市场策略，将直接影响服装企业未来的发展方向和销售成果。服装企业采用哪种目标市场策略，取决于多方面的因素。

1. 企业实力

企业实力主要是指企业的人力、物力、财力、技术能力、创新能力、公关能力、竞争能力、应变能力等。如果企业实力雄厚，就可以采用无差异性和集中性营销策略。若企业实力不足，最好采用差异性营销策略。

2. 产品性质

产品性质是指产品是否同质、能否改型变异。服装产品一般有不同的规格型号、不同的

图3-9 不同图案产品设计

花色品种，是异质产品（图3-9）；消费者对服装的需求也是多样化的，选择性很强。因此，服装企业宜采用差异性或集中性营销策略。

3. 市场特点

市场特点是指消费者需求和爱好的类似程度。如果消费者的需求、购买行为基本相同，对营销方案的反应也基本一样，就可以采用无差异性营销策略；反之，宜采用差异性或集中性营销策略。

4. 产品生命周期

企业应根据产品在其生命周期中所处的阶段不同而采取不同的目标市场营销策略。处于引入期和成长前期的新产品，竞争者少，品种比较单一，宜采用无差异营销策略，以便探测市场需求和潜在的顾客。产品一旦进入成长后期或已处于成熟期，市场竞争加剧，就应改行差异性营销策略，以利于开拓新的市场，尽可能扩大销售；或者实行集中性营销策略，以设法保持原有市场，延长产品生命周期。服装产品的生命周期实际上是服装的流行周期，可分为服装流行初期、发展期、盛行期和衰退期。在服装流行初期时，企业宜采用无差异营销策略；当产品进入发展期以后，企业一般应选择差异营销策略。

5. 市场供求趋势

如果一种产品在未来一段时期内供不应求，出现买方市场，消费者的选择性大为弱化，他们所关心的是能否买到商品，这时企业就可采用无差异营销策略；反之，则采用差异性或集中性营销策略。

6. 竞争者的策略

在市场竞争激烈的情况下，企业采取哪种市场策略，往往会参照竞争者所采取的策略，并权衡其他因素而定。如竞争者实力较强并实行无差异营销策略时，企业就应采取差异性或集中性营销策略，以提高产品的竞争能力。如竞争者都采用差异性营销策略，企业就应进一步细分市场，去争取更为有利的市场。但当竞争者实力较弱时，也可以采用无差异营销策略，在较大

面积市场去夺取优势。

总之，企业选择目标市场策略时，应综合考虑上述因素，权衡利弊，做出选择。企业应当保持适当的目标市场策略，但当市场形势或企业实力发生重大变化时，也要及时转换。

第三节　服装市场定位

服装企业一旦选定了目标市场，就要在目标市场上进行服装产品的市场定位。服装企业进行准确的市场定位，既能为自己的产品进入目标市场打开销路，又能为企业不断进行市场开拓奠定基础。市场定位是企业营销战略计划中的一个重要组成部分。

市场细分、目标市场选择和市场定位是营销策略规划过程中互相联系的三个环节。市场细分为企业展现多种营销机会，目标市场选择帮助企业进入最佳的目标市场。企业选定目标市场后，市场细分的过程并未终结，还应对目标市场进行定位。

一、服装市场定位的概念

市场定位是在 20 世纪 70 年代由美国人艾·里斯（Al Ries）和杰克·特劳特（Jack Trout）首先提出的。在市场营销学中，市场定位主要是指产品定位。所谓市场定位，就是指企业在目标市场上确定自己产品的理想形象，从而确定它在消费者心目中的市场位置。市场定位是通过为自己的产品创立鲜明的特色或个性，从而塑造出独特的市场形象。而企业产品的特色，可以分别从产品实体、价格水平或质量标准上表现出来。企业要正确地确立自己的市场定位，一方面要了解竞争对手的产品具有何种特色，另一方面要了解顾客对本企业产品的各种属性的重视程度，然后根据对这两方面的分析，决定企业产品的独特形象。

二、服装市场定位的步骤

服装市场定位要遵循一定的步骤，才能更好地在消费者心中留下企业产品的独特形象，要达到这个目的，一般需开展以下工作。

1. 识别潜在竞争优势

识别潜在竞争优势是市场定位的基础。通常，企业的竞争优势表现在两个方面：成本优势和产品差别化优势。成本优势是企业能够以比竞争者低廉的价格销售相同质量的产品，或以相同的价格水平销售更高一级质量水平的产品。产品差别化优势是指产品独具特色的功能和利益与顾客需求相适应的优势，即企业能向市场提供的在质量、功能、品种、规格、外观等方面比竞争者更好的产品。为实现此目标，首先，必须进行规范的市场研究，切实了解目标市场需求特点以及这些需求被满足的程度，这是能否取得竞争优势，实现产品差别化的关键；其次，要研究主要竞争者的优势和劣势，知己知彼，方能战而胜之。可以从三个方面评估竞争者：一是竞争者的业务经营情况，如近三年的销售额、利润率、市场份额、投资收益率等；二是竞争者核心营销能力，主要包括产品质量和服务质量等；三是竞争者的财务能力，包括获利能力、资金周转能力、偿还债务能力等。

2. 企业核心竞争优势定位

核心竞争优势是与主要竞争对手相比，企业在产品开发、服务质量、销售渠道、品牌知名度等方面所具有的可获取明显差别利益的优势。应把企业的全部营销活动加以分类，并将主要环节与竞争者相应环节进行比较分析，以识别和形成核心竞争优势。

（1）建立产品特色。确定产品特色是市场定位的出发点。首先服装企业要了解市场上竞争对手的产品或服务有何特点，其次要把目光放在消费者对产品各属性的重视程度上，最后服装企业要考虑企业自身的实力。有些产品属性，虽然是消费者比较重视的，但企业如果力所不及就应该转换思路，利用其他的优势吸引消费者的目光。总而言之，建立产品特色是服装企业生产和市场定位的出发点，也是消费者最重视的因素之一，服装企业必须重视建立自身的产品特色。

（2）树立企业形象。服装企业为产品塑造的特色是其参与市场竞争的有利优势，但除此之外，良好的企业形象也是影响消费者购买决策的一大因素。服装企业通过树立良好的企业形象，积极主动地与消费者沟通，将产品的独特个性传递给消费者，以引起消费者的注意，求得消费者的认可。

（3）巩固市场形象。服装企业的形象及其产品特色不是一成不变的。竞争者的干扰或企业自身问题等原因，会造成消费者对企业产品或企业形象认知模糊，导致消费者对企业的理解出现偏差。所以，在建立产品特色及企业形象后，企业还必须不断地向消费者提供新的观点和论据，及时纠正与市场定位不一致的行为，巩固市场形象。

3. 制定明确市场战略

企业在市场营销方面的核心能力与优势，不会自动地在市场上得到充分的表现，必须制定明确的市场战略来加以体现。比如，通过广告传达核心优势战略定位，逐渐形成一种鲜明的市场概念，这种市场概念能否成功，取决于它是否与顾客的需求和追求的利益相吻合。

三、服装市场定位策略

制定服装市场定位策略是企业生产和经营的重要内容，策略的优劣直接影响企业在服装目标市场的竞争能力。服装市场定位策略一般有以下几种。

1. 产品差异化策略

产品差异化主要从产品质量、产品档次、产品款式等方面实现。体现需求产品特征是产品差异化策略经常使用的手段。企业可以通过以下途径来突出产品的差别化。

（1）产品档次。产品档次一般分为高、中、低档三种，企业必须根据目标细分市场决定产品档次。服装企业必须时刻明确自己产品的档次，否则可能陷入经营困境。

（2）产品创新。首先在行业中推出有价值的新的产品特征，这是参与竞争的有效手段。主要有两类做法：企业改造现有产品，使其性能优于竞争对手；企业开发出全新的产品，虽然这样要承担更大风险，但是一旦成功，就可以获得更高的收益。

（3）产品特点、样式设计。产品要有鲜明的特色和独具的价值。产品特点是服装企业有效的竞争工具，可以使本企业的产品区别于竞争对手的产品（图3-10）。对于服装来说，就是产品的设计风格方面有鲜明的特色，并符合消费者的审美标准，顺应时代潮流。样式是产品给予购买者的视觉效果和感受，不同的样式设计给顾客截然不同的心理感受。优秀的样式可以引起顾客的共鸣，使顾客产生偏好。一些服装企业突出设计因素，包含"设计感情"，因而获得成功。

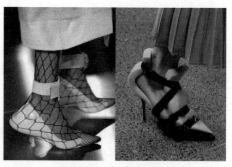

图3-10 个性鞋品设计

2. 服务差异化策略

服务差异化策略就是向目标市场提供与竞争者不同的优质服务。随着市场竞争越来越激烈，除了服装产品本身以外，服务的质量也是企业制胜的法宝。在向消费者传达服装信息的过程中，企业服务的高质量能够为信息传递增添魅力，树立产品在消费者心目中良好的品牌地位。区别服务水平的主要因素有送货、安装、顾客培训、咨询服务等。如某企业采取了先于顾客感知及要求的先行服务，将顾客的产品消费导向服务消费，提供为顾客代配领带、领带卡、领花、套扣、手绢、名片夹等与精品衬衫相适应的配套产品及服务。

高效率的物流系统可以加快企业的再供应。许多服饰制造商，如佐丹奴、贝纳通、斯特劳斯等，已经采用快速反应系统，将供应商、制造商、分销中心和销售网点连成网络，从而大大降低了企业的储存和销售成本。另外，为顾客提供咨询服务也可以增加企业的吸引力。

3. 人员差异化策略

人员差异化策略是指通过聘用和培训比竞争者更为优秀的人员以获取差异化优势。实践早已证明，市场竞争归根到底是人才的竞争。一个受过良好训练的员工应具备以下基本素质和能力：能力，具有产品知识和与之相关的技能；礼貌，友好对待顾客，尊重和善于体谅他人；诚实，使人感到坦诚和可以信赖；可靠，强烈的责任心，并准确无误地完成工作；反应敏锐，对顾客的要求和困难能迅速做出反应。

4. 形象差别化策略

形象是公众对企业或产品的看法，即使其他竞争因素相同，由于企业的形象不同，顾客也会做出不同的反应。企业或产品可以形成不同的个性，供消费者识别。形成个性的工具有名称、标志、标语、环境、赞助活动等，可以帮助企业创造出期望的企业（产品）形象。企业在形象设计中追求一定的产品特性，并通过信息传播途径来确定产品的主要优点和市场定位。形象设计必须具有情感动力，能在购买者心中引起震撼。现在，越来越多的服装企业通过企业形象识别（CI）战略来设计并传播鲜明的形象。

服装企业在制定目标市场定位策略时要选择合适的代言人和服装模特，他们的气质、面容及身材等要符合目标市场的审美及要求。如今国际服装市场出现很多具有东方美的女模特，符合受众审美的精致面容与标准的身材让她们受到了服装消费者的极大认可。受互联网影响，部分企业也会寻找拥有一定流量和知名度的品牌代言人，这样可以在很大程度上为服装企业的产品带来宣传效果。

第四章
服装市场营销调研和预测

服装企业的营销决策要以掌握充分、准确的市场信息为基础。这需要一套科学的调查方法来收集、整理和解释信息，并用调查获取的信息通过一定的方法去预测服装市场未来的变化趋势，使其成为制定和修正市场营销方案的依据。

市场信息是一个企业赖以生存和发展的基础，是企业在市场经济环境下取得竞争优势的重要保障。市场经济活动中的各种消息、情报、数据和资料是企业制定生产计划和经营战略的前提。在服装行业，服装的设计、生产和销售过程中产生的服装市场信息是服装企业的重要资源，必须牢牢把握。

第一节 服装市场调研

一、服装市场调研的概念

市场调研是服装企业进行市场细分，确定目标市场，制定商品计划、生产、促销等市场经营战略的基础。调研的基本内容包括国内外政治、经济、文化等背景信息，服装的供给与需求，目标市场服装需求预测，价格信息，渠道信息，贸易规则和促销手段等。若信息不通或信息传递失误，将影响企业对服装市场的预测，无法制定正确可靠的市场营销战略和策略。

服装市场调研被定义为：运用科学的方法，有组织、有计划地，系统、全面、准确、及时地收集、整理和分析服装市场现象的各种资料的活动过程。从事市场调研，要遵循一定的客观要求，要做到实事求是、全面系统、深入反馈、勤俭节约，使调研工作既落到实处、讲求效果，又注重效率。

二、服装市场调研的类型

服装市场信息涉及的内容很多，所以服装市场调研的类型也各有侧重。按照不同的分类方法，服装市场调研可划分为以下类型。

1. 按调研的目的和功能划分

（1）探测性调研。也叫非正式调研，是指服装企业对需要调研的问题尚不清楚，无法确定应调研哪些内容，因此只能搜集一些有关资料并进行分析，找出症结所在，再做进一步调研。也就是发现问题并提出问题，所以这类调研一般采用简便的方法。

探测性调研通常是小规模调研，目的是确切掌握问题的性质和更好地了解问题发生的环境。这种调研特别有助于把一个大而模糊的问题分解为小而准确的子问题，并识别出需要进一步调研的信息。

（2）描述性调研。也叫记述性调研，是指通过调研，如实地记录并描述诸如某种产品的市场潜量、顾客态度和偏好等方面的资料，也就是说明问题。其目的在于摸清问题的过去和现状，寻求解决问题的办法和措施。这类调研比探测性调研细致、具体，需要事先拟订调研计划，一般要进行实地调研，收集第一手资料，多数市场调研属于这一类。是寻求对"谁""什么事情""什么时候""什么地点"这样一些问题的回答。它可以描述不同消费者群体在需求、态度、行为等方面的差异。描述的结果尽管不能对"为什么"给出回答，但可用于寻求解决营销问题所需的全部信息。

（3）因果性调研。也叫解释性调研，是服装企业为了测试假设的市场上的因果关系而进行的专题调研，即分析某一现象发生的原因，预测发展的后果，探讨现象之间的因果关系。其目的主要在于找出问题的答案，如预期价格、包装及广告费用等对销售额的影响，搞清"为什么"的问题。这项工作要求调研人员对所研究的课题有相当的知识，能够判断一种情况出现了，另一种情况会接着发生，并能说明其原因所在。在需要对问题严格定义时使用因果性调研。一般是先进行探测性调研，再进行描述性调研，然后进行因果性调研。

（4）预测性调研。是为预测市场今后一定时期内的行情的发展变化趋势而进行的市场调研。它是在前三种调研的基础上，对服装市场的潜在需求所进行的估算、预计和推断。

2. 按服装市场商品消费目的划分

（1）服装消费者市场调研。这里所说的消费者指以满足个人生活需要为目的的服装商品购买者和使用者，也是服装商品的最终消费者。服装消费者市场调研的目的主要是了解消费者的需求数量及结构变化。而消费者的需求数量和结构的变化受到多方面因素如人口、经济、社会文化、购买心理和购买行为等的影响。因此，对消费者市场进行调研，除直接了解需求数量及其结构外，还必须对诸多的影响因素进行调研。

图4-1 各种服装辅料

（2）服装生产者市场调研。指对为了满足服装加工制造等生产性需要而形成的市场（也称为服装生产资料市场）的调研。这个市场上交易的商品是服装生产资料，如各种服装面辅料（图4-1）、服装挂饰等。参加交易活动的购买者主要是服装生产企业，购买商品的目的是为了满足服装生产过程中的需要。服装产品的质量与价格跟服装的原料、质量、成本是密切相关的，只有符合标准的原料才能生产出更加优质的服装产品，因此，调研服装生产者市场是非常必要的。

3. 按市场调研对象的选择方法划分

（1）全面调研。又称普查，即对整个地区或局部地区的所有调研对象，无一例外地进行调研。使用这种方法收集的资料最全面，调研结果较为可靠，但工作量很大，需要投入较多的人、财、物，故只适用于调研购买者数量有限、产品品种简单或用其他方法不能取得全面精确的统计资料的情况。

（2）典型调研。即在对调研对象进行全面分析的基础上，通过比较有意识地选择具有代表性的单位为典型，进行全面、深入的调研，由个别事例来反映推算出一般状况。这种方法适用于调研总体大，调研人员对总体情况非常了解，能够准确地选择有代表性的个体的情况。

（3）重点调研。即在全部被调研单位中选取对调研总体有决定作用的部分单位进行调研，从而了解调研对象的主要情况。这种方法适用于要求掌握调研总体的主要情况，调研标志比较单一，调研标志与数量在总体中又占优势的情况。

（4）个案调研。即深入、细致地描述一个具体单位的面貌和具体的发展过程而进行的调研，其目的不是了解总体，因此不要求调研对象具有典型性和代表性。

（5）抽样调研。即在调研对象总体中抽取一定数量进行调研，从而推断出总体特征。这种方法时间短、耗资少、调研人员少。因此，大多数市场调研都采用抽样调研的方法。

4. 按调研方法划分

（1）文案调研。通过搜集各种历史和现实的动态统计资料，从中检索出所需要的相关信息。文案调研具有简单、快速、节省调研经费等特点，尤其适用于对历史资料和现状的了解和调研。

（2）实地调研。是深入现场，直接搜集资料的调研方法。包括访问调研法、现场观察法和实验调研法。例如，观察某商业区的人流状况，对新款服装进行试销，询问消费者对本企业服装有关价格、款式、质量等方面的意见。实地调研花费的时间、人力相对较多，但能够获得具有针对性的第一手资料。

（3）网络调研法。是通过网络进行资料收集的调研方法。按调研采用的技术可分为站点法、电子邮件法、随机法和视讯会议法。网络调研没有时间、地域的限制，调研内容可快速、广泛地传播，大大缩短调研周期。

5. 按其他方式划分

按流通领域的不同环节来划分，服装市场调研可分为服装批发市场调研和服装零售市场调研，也叫中间商调研，与服装生产者市场调研和服装消费者市场调研紧密联系在一起，形成服装市场调研体系。

按产品结构层次划分，服装市场调研可分为男装调研、女装调研、童装调研。也可分为运动装调研、职业装调研、休闲装调研等。

按调研空间范围分，可分为国内市场调研和国际市场调研。国内市场调研则包括整个地区调研或局部地区调研。

按调研时间，服装市场调研可分为经常性调研、定期调研、临时性调研。

三、服装市场调研的内容

服装市场调研的内容十分广泛，企业在实际运营中面临的问题也各有不同。企业可以根据调研目的确定市场调研的内容。一般来说，服装市场调研的内容主要涉及服装市场需求调研、市场竞争调研、市场宏观环境调研、产品调研、服装消费者心理与行为调研、服装促销调研等方面。

1. 市场需求调研

需求是营销管理的核心，服装企业只有在确定和把握顾客需求的基础上，才有可能采取恰当的营销策略，从而满足顾客需求，实现企业目标，所以服装市场需求是市场调研和预测最重要的内容。

所谓市场需求，是指在特定的地理区域、特定的时间、特定的营销环境中以及特定的消费群体中愿意购买某种服装产品的总量。比如，估计某类服装产品或服务的市场特性（顾客分布、顾客特征、顾客变化、市场比较、潜在市场的决定、销售额的预测）、市场规模（包括现实需求和潜在需求），预测该市场的近期需求、市场动向和发展、市场对产品销售的态度，估计该类产品或服务各品牌的市场占有率等。主要包括消费者需求量调研和消费结构调研两类。

（1）消费需求量调研。消费需求量的大小直接决定了服装市场规模的大小。因此，在假设购买欲望一定的前提下，对于消费需求量的调研应该从购买力水平和人口状况展开。

某一国家（或地区）购买力总量及人均购买力水平的高低决定了该国（或地区）市场需求的大小。在购买力总量一定的情况下，人均购买力的大小直接受消费者人口总数的影响，为研究人口状况对服装市场需求的影响，便于进行市场细分化，就应对人口情况进行调研。主要包括总人口、家庭及家庭平均人口、人口地理分布、年龄及性别构成、教育程度及民族传统习惯等。

（2）消费结构调研。消费结构调研，首先涉及的是购买力的投向问题。所谓购买力投向是指在购买力总额既定的前提下，购买力的持有者将其购买力用于何处，购买力在不同商品类别、不同时间和不同地区都有一定的投放比例，对购买力投向及其变动的调研，可为服装企业加强市场预测、合理组织商品营销活动和制定商品价格提供参考依据（图4-2）。

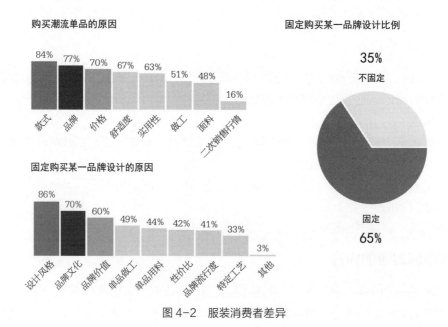

图4-2　服装消费者差异

购买力投向调研,主要是搜集社会商品零售额资料,并对其做结构分析,它是从卖方角度观察购买力投向变动,其方法是将所搜集到的社会商品零售额资料按商品主要用途(如吃、穿、住、行等)进行分类,计算各类商品零售额占总零售额的比重,并按时间顺序排列,以观察其特点和变化趋势,它直接反映了一定时期全国或某地区的销售构成。在商品供应正常的情况下,它基本上可以反映商品的需求构成;而当某类商品供应不足、需求受到抑制时,则只能在一定程度上反映商品的需求构成状况。

当然,影响购买力投向变动的因素有很多。比如,消费品购买力水平和增长速度的变化、消费条件的变化、商品生产和供应情况、商品销售价格的变动、社会时尚及消费心理变化以及社会集团购买力控制程度等。

2. 市场竞争调研

服装企业在推出新产品之前,必须要对市场上已经有的类似产品进行调研,找出对自己产品构成竞争或威胁的竞争者,比如竞争对象、竞争范围、规模实力、竞争手段、竞争程度等。其目的是为了了解竞争对手的实力,以便于在制定市场营销方案时能做到避实就虚,尽量不与竞争对手正面交锋。竞争者调研包括竞争者的调研分析和竞争产品的调研分析两方面。

(1)竞争者调研分析。服装企业可以在整个服装行业内部确定竞争者。分析行业中竞争者的属性、数量、生产能力、技术水平,竞争产品的市场占有率、销售量,以及竞争者的价格政策、营销渠道、促销手段、竞争策略、顾客评价、营业人员的数量和素质、售后服务的方法及质量等,同时,还要对竞争者的地理位置、交通运输条件、对外贸易状况、新产品开发和企业优势等方面进行分析。其目的是为了掌握本行业内的竞争状况,从而确立企业自身的竞争优势(图4-3)。

	生产为王	渠道为王	供应链为王
时代背景	从计划经济转向市场经济,物资匮乏,供应链产能不足	越来越多的新工厂投产运营,产出提高、竞争加剧	1. 互联网崛起对传统渠道商进行一次革命 2. 全球经济形势复杂多变、竞争激烈
供需关系	供不应求,库存不是问题是实力	供应端产能过剩	需求多变,难以预测
企业经营核心	扩大产能 刺激员工积极性	消化企业产能	协同上下游供应链,打通企业与企业间的信息流、物流、资金流,满足快速变化的需求
制度特征	推行计件工资制 采购物流等部门为生产服务	一切围绕销售成为常态	聚焦在自己的核心能力上
增值环节	制造环节	销售渠道	供应链端到端的整个系统
市场表现	不挑产品、提前打款、排队要货	制造商竞争白热化 渠道商攻城略池占据主导权,给制造商定游戏规则	客户需求多变,难以预测
经济状况	高速发展	增长放缓	好的企业爆炸式增长 没有竞争力的企业面临生存危机
	阶段1	阶段2	阶段3

图4-3 中国企业发展阶段分析

（2）竞争产品调研分析。对服装企业来说，其所提供给的产品是否能够比竞争者的产品更能满足消费者需要，这一点非常重要。因此，对竞争产品的调研包括服装产品的品质、特性、用途、规格、款式、设计、工艺、包装、价格、服务以及竞争产品的市场分布区域、市场占有率等。

3. 市场宏观环境调研

企业的生产、经营活动脱离不了所处的社会环境。其中包括政治环境、经济环境、文化环境、科技环境、气候地理环境，这些因素往往是企业自身难以驾驭和影响的。企业只有在了解的基础上去适应，并将其为我所用，才能取得经营的成功。

（1）政治环境调研。所谓政治环境调研，主要是了解影响和制约服装市场的国内外政治形势以及国家管理市场的有关方针和政策。针对国际市场，其调研内容会因国家的不同而不同，主要涉及以下方面。

① 国家制度和政策。主要是了解目标市场的政治制度、对外政策，包括对不同国家和地区的政策等。鉴于某些国家政权不够稳定，因此，只有了解并掌握这些国家的政权更迭和政治趋势，才能尽可能避免承担经济上的风险和损失。

② 国家或地区之间的政治关系。随着国际政治关系的变化，对外贸易关系也会不断发生变化，特别是在现今社会，对于服装产品，各国都存在设立或取消关税壁垒或者非关税壁垒、采取或撤销一些惩罚性措施、增加或减少一些优惠性待遇等。

③ 政治和社会动乱。罢工、暴乱、战争等引起的社会动乱，会影响国际服装商品流通和交货，给对外贸易带来一定的风险，但同时也可能产生某种机遇，通过调查，有助于服装企业随机应变，把握市场成交机会。

④ 国有化政策。国有化政策是指了解各国对外国投资的政策等。

（2）法律环境调研。世界许多发达国家都十分重视经济立法并严格遵照执行。我国作为发展中国家，也正在加速向法治化方向迈进，先后制定了《中华人民共和国经济合同法》《中华人民共和国商标法》《中华人民共和国专利法》《中华人民共和国广告法》《中华人民共和国环境保护法》《中华人民共和国消费者权益保护法》等多种经济法规和条例，这些都对服装企业的营销活动产生了重要的影响。随着外向型经济的发展，我国与世界各国的交往愈来愈密切，许多国家都制定有各种适合本国经济的对外贸易法律，其中规定了对某些出口国家所施加的服装进口限制、税收管制及有关外汇的管理制度等。这些都是企业进入国际市场时所必须了解的。

（3）经济环境调研。经济环境对服装市场活动有着直接的影响。经济环境调研主要从生产和消费两个方面进行。

① 生产方面。生产决定消费，市场供应、居民消费都有赖于生产。生产方面调查主要包括能源和资源状况、交通运输条件、经济增长速度及趋势、产业结构、国民生产总值、通货膨胀率、失业率等。

② 消费方面。消费对生产具有反作用，消费规模决定市场的容量，也是经济环境调查中不可忽视的重要因素。消费方面调查主要是了解某一国家（或地区）的国民收入、消费水平、消费结构、物价水平、物价指数等。

（4）社会文化环境调研。社会文化环境在很大程度上决定着人们的价值观念和购买行为，它影响着消费者购买服装产品的动机、种类、时间、方式以及地点。经营活动必须适应所涉及国家（或地区）的文化和传统习惯，才能为当地消费者所接受。比如，有些地区消费者喜欢标有"进口"或"合资"字样的商品，而另一些地区消费者却可能相反，这种情况既与民族感情有关，也与各国、各民族的保守意识和开放意识有关，这些都要通过市场调研去掌握。

（5）科技环境调研。科学技术是生产力。因此，要及时了解服装新技术、新材料、新产品、新能源的状况和国内外科技总的发展水平和发展趋势，如企业所涉及的技术领域的发展情况、专业渗透范围、服装产品技术质量检验指标和技术标准等（图4-4）。

（6）地理和气候环境调研。由于地理位置不同，各个国家和地区的气候和其他自然环境存在很大差异。而气候对于人们的消费行为有很大的影响，从而制约了服装产品的生产和经营，只有充分了解各个地区条件、气候条件、季节因素以及使用条件等，才能适应各个地区的地理和气候环境，做好服装市场营销工作。

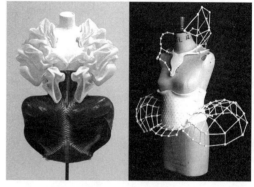

图4-4 3D制衣

4. 产品调研

产品是企业为消费者提供服务的对象。一个企业要想在竞争中求得生存和发展，关键就在于能否始终如一地生产出符合市场需要的产品。服装产品的调研主要包括产品生产能力、产品实体、产品的包装、产品的生命周期、产品价格、产品品牌及流行趋势等。

市场营销中的产品概念是一个整体的概念，不仅包括商品实体，还包括包装、品牌、装潢、商标、价格以及和产品相关的服务等。例如，我国许多出口服装质量优良，但往往由于式样、工艺、包装、服务等方面的原因，在国际市场上以远低于具有同样内在质量和使用价值的外国商品价格出售，因此造成了严重的经济损失。对于服装产品的调研主要从以下方面展开。

（1）产品实体调研。产品实体调研是对产品本身各种性能的好坏程度所做的调研，主要包括以下几个方面。

① 服装商品性能调研。比如服装商品的耐用性、安全性、舒适性等方面都是人们在购买服装时经常考虑的因素。通过调研可以了解在某一阶段消费者最关注哪些问题，在服装的生产经营中应该强调和加强的是哪些方面。比如在20世纪80年代，人们购买服装普遍关注的是服装是否耐用，而如今消费者却大多关注服装的舒适性以及安全性、功能性等（图4-5）。

图4-5 休闲运动服饰

图4-6 不同色彩服装

通过调研服装商品的规格、型号、款式、色彩等方面的信息，了解消费者对上述方面的意见和要求。例如，心理学家认为，人的第一感觉就是视觉，而对视觉影响最大的则是色彩。人的行为之所以受到色彩的影响，是因为人的行为很多时候容易受情绪的支配。红色通常给人带来这些感觉：刺激、热情、轰轰烈烈、奔放和力量，还有压抑、肃穆、喜气和幸福等。而绿色是自然界中草原和森林的颜色，有生命永久、理想、年轻、安全、新鲜、和平之意，给人以清凉之感。蓝色则让人感到悠远、宁静、空虚、寒冷、开阔、透明等（图4-6）。

可见，服装企业只有在对此了解的基础上，投其所好，避其所恶，才能使服装为消费者所接受。

② 服装制作材料调研。主要是调研市场对原料或材料的各种特殊要求。如近年来许多青年人喜欢穿纯棉制作的衬衫，而不喜欢穿化纤类衬衫等。

（2）商品包装调研。服装商品包装的调研主要从销售包装和运输包装两方面考虑。在销售包装方面，主要调研包装与市场环境是否协调，消费者喜欢什么样的包装外形，包装应该传递哪些信息，竞争产品需要何种包装样式和包装规格，包装是否易于储存、拆封，包装是否便于识别商品，包装是否经济，是否便于退回、回收和重新利用等；在运输包装方面，主要调研包装是否能适应运输途中不同地点的搬运方式，是否能够保证防热、防潮、防盗以及适应各种不利的气候条件，运输的时间长短和包装费用如何等问题。

（3）产品生命周期调研。服装企业通过对服装销售量、市场需求进行调研，判断和掌握自己所生产和经营的某服装产品处在生命周期的哪个阶段，以便做出相应的对策。

产品销售量及销售增长率调研是判断产品处于寿命周期哪个阶段的重要依据。根据日本的经验，增长率在投入期是不稳定的，成长期在10%以上，成熟期大致稳定在0.1%~10%，衰退期则为负数。当然，国情不同、行业不同，其经验数值也不一定相同。

通过产品普及率调研，服装企业如果发现某类产品接近衰退期，这时就应及早采取相应措施，或者停止生产和经营该类产品，开发其他新产品；或者再通过努力，如对产品进行一些改装或改变促销策略等，以使产品的生命周期得以延长。

5.服装消费者心理与行为调研

（1）消费者购买动机调研。购买动机是为满足一定的需要，而引起人们购买行为的愿望和意念。购买动机常常是由那些最紧迫的需要决定的，但又是可以运用一些相应的手段而诱发的。消费者购买动机调研是为了明确购买动机产生的各种原因，以便采取相应的诱发措施。主要涉及购买动机、影响动机的因素、选择产品及店铺的动机等问题。

（2）消费者购买行为调研。消费者购买行为是消费者购买动机在实际购买过程中的具体表现，消费者购买行为调研，就是对消费者购买模式和习惯的调研，通常所讲的"3W1H"调研,即了解消费者在何时购买(When)、何处购买(Where)、由谁购买(Who)和如何购买(How)等情况。

① 消费者何时购买的调研。消费者在购物时间上存在着一定的习惯和规律。服装商品销售随着自然气候和商业气候的不同,具有明显的季节性。如在春节、儿童节、中秋节、国庆节等节假日期间,消费者购买商品的数量要比以往增加很多。企业应按照季节和节日的要求,适时、适量地供应商品,才能满足市场需求。此外,对于服装零售企业来说,掌握一定时间内的客流规律,有助于合理分配劳动力,提高商业人员的劳动效率,把握服装商品销售的黄金时间。

例如,某服装商场在对一周内的客流进行实测调查后发现,一周中客流量最多的是周日而最少的是周一,且在一天内,客流最高峰为职工上下班时间,其他时间客流人数也均有一定的分布规律。据此,商场可以对人员和货物都做出合理安排,做到忙时多上岗、闲时少上岗,让售货员能在营业高峰到来时,以最充沛和饱满的精神面貌迎接顾客,从而取得较好的经济效益和社会效益。

② 消费者在何处购买的调研。主要涉及消费者在什么地方决定购买和在什么地方实际购买。对于服装来说,具体购买哪种,通常是在购买现场,受商品陈列、包装和导购人员介绍的影响而临时做出决定,具有一定的随意性。而且,电子商务的发展使得决定购买和实际购买服装的行为在家中也可完成。

此外,为了合理地设置商业和服务业网点,还可对消费者常去哪些购物场所、哪些店铺进行调研。例如,在为某服装商场所做的市场营销环境调研中了解到:有59%的居民选择离家最近的商店,有10%的居民选择离工作地点最近的商店,有7%的居民选择上下班沿途经过的商店,有18%的居民选择有名气的大型、综合、专营商店(图4-7),有6%的居民则对购物场所不加选择,即随意性购物。

图4-7　门店设计

③ 谁负责家庭购买的调研。主要包括家庭中由谁做出购买决定、谁去购买、和谁一起去购买等。有关调研结果显示:对于服装商品,大多由女方做出购买决定,同时也主要由女方实际购买;对于儿童用品,常由孩子提出购买要求,由父母决定,与孩子一同前往商店购买。此外,通过调研还发现,男方独自购买、女方独自购买或男女双方一同购买,对最后的实际成交具有一定影响。

上述三个方面的调研能为服装零售经营者提供许多有价值的信息,如了解到光临某商场或某柜台的大多为年轻女性,就可着意营造一种能够吸引她们前来购物的气氛,并注意经销商品的颜色和包装等。如果以男性为主,则可增加特色商品或系列商品的陈列和销售。

④ 消费者如何购买的调研。不同的消费者具有各自不同的服装购物爱好和习惯,如从商品价格和品牌的关系上看,有些消费者更注重品牌,对价格要求不多,他们愿意支付较多的钱

购买自己所喜爱的品牌。而有些消费者则更注重价格，他们愿意购买较便宜的商品，而对品牌并不在乎或要求不高。其中主要涉及消费者的需求特点、数量、种类，消费者的购买习惯，购买能力，消费者的态度，消费者的偏好，消费者满意度等。

6. 服装促销调研

服装促销调研主要包括广告调研、人员推销调研、营业推广调研和社会公众调研四个方面。

（1）广告调研。广告调研是用科学的方法了解广告宣传活动的情况和过程，为广告主制定决策，为达到预定的广告目标提供依据。广告调研的内容包括广告诉求调研、广告媒体调研和广告效果调研等。

广告诉求调研也就是消费者动机调研，包括消费者收入情况、知识水平、广告意识、生活方式、情趣爱好以及结合特定产品了解消费者对产品的接受程度等。只有了解消费者的喜好，才能制作出打动人心的好广告。

广告媒体调研的目的是使广告宣传能达到理想的效果。如何能以最低的广告费用求得最大的媒体影响力，是服装企业和广告制作者所密切关注的问题，这就需要通过调研了解情况，将各种媒体相互间的长处和短处进行比较，包括印象度的优劣、各种媒体的经济性、各种媒体相互组合的广告效果变化等。

广告效果调研是对商品广告活动的影响和效果的研究。这类调研一般在广告活动之后，着重收集和研究商品销售效果和社会效果，以便对广告推销活动的成功与否做出评价，为下一步的销售决策提供基础。比较直观的广告效果，表现在以下两个方面：一是销售效果，即以销售增长额与广告费之比为内容的销售效果；二是广告宣传效果，即有多少消费者看到或听到了某一特定广告，从而采取了实际的购买消费行为。这种调研常采用报刊读者调研或广播电视受众的收听、收视率调研方法，了解消费者接触大众传播媒介的有关情况和广告媒体对消费者的影响。其方法基本是随机抽样选出样本，然后进行结构式的调研。

（2）人员推销调研。包括人员推销基本形式的调研和推销人员的调研。经过充分的调研分析，可对整体人员促销活动的战略、策略和技术进行整体把握及指导。人员推销的调研既可灵活适应市场变化，又可以把握人员现代促销策划促销的规则，以达到销售的目的。

（3）营业推广调研。营业推广是指服装企业通过直接展示，利用产品价格、服务、购物方式与环境的优点、优惠或差别性，以及通过推销、经销奖励来促进销售的一系列方式方法的总和。它能迅速刺激需求，鼓励购买。

营业推广对象的调研目标主要有三类：消费者或用户、中间商和推销人员。

营业推广的形式包括赠送产品、有奖销售、优惠券、俱乐部制和"金卡"附赠产品、推销奖金、演示促销、交易折扣、津贴、红利提成、展销会、订货会等。

（4）社会公众调研。服装企业的社会公众主要包括金融公众，如银行、投资公司、证券公司、保险公司等，他们对企业的融资能力有重要的影响；媒介公众，如报纸、杂志、电视台、电台、网络等，他们掌握传媒工具，有着广泛的社会联系，能直接影响社会舆论对企业的认识和评价；政府公众，如政府机构和企业的主管部门，他们所制定的方针、政策，对企业营销活动或是限制，或是机遇；社会团体，如消费者协会、保护环境团体等，这些社团公众的意见、建议，往往对企业营销决策有着十分重要的影响作用；社区公众，主要指企业所在地附近的居民和社区团体。社区是企业的邻里，企业保持与社区的良好关系，会受到社区居民的好评，他们的口碑能帮助企业在社会上树立形象。通过社会公众调研，了解社会公众的诉求，增进对社会公众的理解，获得社会公众的支持，能为企业经营创造良好的公众环境。

四、服装市场调研的原则

服装市场调研是一项基础性的工作，必须遵循以下原则。

1. 客观性

资料的准确性是服装市场调研的核心，因为只有掌握客观的真实情况，才能做出正确有效的决策。因此在进行服装市场调研时，始终要遵循实事求是的态度，客观如实地反映市场情况，不允许带有任何主观意愿和偏见，做到调查资料的准确可靠。

2. 及时性

服装产业是一个时尚产业，服装市场瞬息万变，所以更加注重信息的时效性。所以，企业必须及时并经常进行市场调研，获取相关信息，做出相应反应，否则就有可能造成产品滞销，资金回笼困难，给企业带来严重经济损失。

3. 针对性

服装市场调研涉及的内容广泛，欲泛则不精，这就要求调研人员根据预定目的进行有针对性的调研，有的放矢，才能够更快、更深入地解决问题。

4. 计划性

服装市场调研是一项复杂而细致的工作，工作量大、涉及面广，所以必须进行周密的计划，围绕主题、分清主次、突出重点、按部就班地进行，而不可"东一榔头，西一棒槌"，耽误时间、耗费精力，又给后期的整理工作增加困难。

5. 系统性

对服装市场调研所获取的信息资料要加以整理归纳，做到条理化、系统化，并对服装市场情况做出比较全面的判断。而且对于调研的结果要及时付诸实施，如果束之高阁，不仅是极大的浪费，还有可能使企业错失良机，造成无形的损失。

6. 持续性

占有一切必须的资料是进行服装市场调研的重要手段，也是对服装市场变化进行深入研究、分析和预测的保障。服装市场调研是一项经常性的工作，要善于将每次调研的结果进行整理归档，建立完善的市场信息系统和资料库，为后续的工作提供经常性的资料来源。

五、服装市场调研的实施

服装市场调研的总体方案设计是对调研工作各个方面和全部过程的通盘考虑，包括整个调研工作过程的全部内容。调研总体方案是否科学、可行，是整个调研成败的关键。市场调研总体方案设计主要包括以下几项内容。

1. 确定调研目的

明确调研目的是调研设计的首要问题，只有确定了调研目的，才能确定调研的范围、内容和方法，否则就会列入一些无关紧要的调研项目，而漏掉一些重要的调研项目，无法满足调研的要求。可见，确定调研目的，就是明确在调研中要解决哪些问题，通过调研要取得什么样的资料，取得这些资料有什么用途等问题。衡量一个调研设计是否科学的标准，主要就是看方案的设计是否体现调研目的的要求，是否符合客观实际。

2. 确定调研对象和调研单位

明确了调研目的之后，就要确定调研对象和调研单位，这主要是为了解决向谁调研和由谁来具体提供资料的问题。调研对象就是根据调研目的、任务确定调研的范围以及所要调研的总体，它是由某些性质上相同的许多调研单位所组成的。调研单位就是所要调研的社会经济现象总体中的个体，即调研对象中的一个个具体单位，它是调研中要调研登记的各个调研项目的承担者。例如，为了研究某市各服装企业的经营情况及存在的问题，需要对全市服装企业进行全面调研，那么，该市所有服装企业就是调研对象，每一个服装企业就是调研单位。

3. 确定调研项目

调研项目是指对调研单位所要调研的主要内容，确定调研项目就是要明确向被调研者了解些什么问题，调研项目一般就是调研单位的各个标志的名称。例如，在消费者调研中，消费者的性别、民族、文化程度、年龄、收入等，其标志可分为品质标志和数量标志两类。品质标志是说明事物质的特征，不能用数量表示，只能用文字表示，如性别、民族和文化程度；而数量标志表明事物的数量特征，可以用数量来表示，如年龄和收入。标志的具体表现是指在标志名称之后所表明的属性或数值，如消费者的年龄为30岁或50岁，性别是男性或女性等。

在确定调研项目时，除要考虑调研目的和调研对象的特点外，还要注意以下几个问题。

① 确定的调研项目应当既是调研任务所需，又是能够取得答案的。

② 项目的表达必须明确，要使答案具有确定的表示形式，如数字式、是否式或文字式等。否则，会使被调研者产生不同理解而做出不同的答案，造成汇总时的困难。

③ 确定调研项目应尽可能做到项目之间相互关联，使取得的资料相互对照，以便了解现象发生变化的原因、条件和后果，便于检查答案的准确性。

④ 调研项目的含义要明确、肯定，必要时可附以调研项目解释。

4. 制定调研提纲和调研表

当调研项目确定后，可将调研项目进行科学的分类、排列，构成调研提纲或调研表，方便调研登记和汇总。

调研表一般由表头、表体和表脚三个部分组成。

表头包括调研表的名称、调研单位（或填报单位）的名称、性质和隶属关系等。表头上填写的内容一般不作统计分析之用，但它是核实和复查调研单位的依据。

表体包括调研项目、栏目和计量单位等，它是调研表的主要部分。

表脚包括调研者或填报人的签名和调研日期等，其目的是为了明确责任，一旦发现问题，便于查询。

调研表式分单一表和一览表两种。单一表是每张调研表只登记一个调研单位的资料，常在调研项目较多时使用。它的优点是便于分组整理；缺点是每张表都注有调研地点、时间及其他共同事项，造成人力、物力和时间的耗费较大。一览表是一张调研表可登记多个单位的调研资料。它的优点是当调研项目不多时，应用一览表能使人一目了然，还可将调研表中各有关单位的资料相互核对；缺点是对每个调研单位不能登记更多的项目。

调研表拟订后，为便于正确填表、统一规格，还要附填表说明。内容包括调研表中各个项目的解释，有关计算方法以及填表时应注意的事项等，填表说明应力求准确、简明扼要、通俗易懂。

5. 确定调研时间和调研工作期限

调研时间是指调研资料所属的时间。如果所要调研的是时期现象，就要明确规定资料所反映的是调研对象从何时起到何时止的资料。如果所要调研的是时间现象，就要明确规定统一的标准调研时间。

调研期限是规定调研工作的开始时间和结束时间。包括从调研方案设计到提交调研报告的整个工作时间，也包括各个阶段的起始时间，其目的是使调研工作能及时开展、按时完成。为了提高信息资料的时效性，在可能的情况下，调研期限应适当缩短。

6. 确定调研地点

在调研方案中，还要明确规定调研地点。调研地点与调研单位通常是一致的，但也有不一致的情况，当不一致时，有必要规定调研地点。例如人口普查，规定调查登记常住人口，即人口的常住地点。若登记时不在常住地点，或不在本地常住的流动人口，均需明确规定处理办法，以免调研资料出现遗漏和重复。

7. 确定调研方式和方法

在调研方案中，还要规定采用什么组织方式和方法取得调研资料。搜集调研资料的方式有普查、重点调研、典型调研、抽样调研等。具体调研方法有文案法、访问法、观察法和实验法等。在调研时，采用何种方式、方法不是固定和统一的，而是取决于调研对象和调研任务。

在市场经济条件下，为准确、及时、全面地取得市场信息，尤其应注意多种调研方式的综合运用。

市场调研的目的是收集所需资料，采用恰当的方法、手段进行市场调研，是实现调研目的的首要问题。服装市场调研的方法很多，各有优缺点，必须对它们进行了解并结合实际情况与要求来合理选择。具体来讲在服装市场调研中常用到的方法有以下几种。

（1）询问法。询问法是调研者先拟订出调研提纲，然后问被调研者提出问题，通过被调研者的答案获取有关的信息资料。根据具体不同形式划分，主要有访问调研（口头提问回答）和问卷调研（书面提问回答）。

访问调研即调研人员直接与被调研者面谈讨论，以获得所需的情报、信息，可以是一次面谈或多次面谈。可以是调研人员外出对调研对象进行面谈调研，也可以是被调研者来企业进行生产现场参观和面谈。这种方法的优点是：可以马上得到调研结果，回收率100%；可以随时解释或纠正偏差；可以同时搜集调研问题以外的重要资料；具有弹性；具有激励效果；能控制程度。缺点是：调研费用较高；被调研者可能会受调研人员的诱导而提供不真实的答案；调研对象有时缺乏代表性。根据不同的调研内容，访谈调研可以用个人访谈、小组座谈、一次访谈、多次访谈及深层访谈等形式进行。

问卷调研即调研人员将设计好的问卷给被调研者，请其按调研的内容填写。这种方法的优点是：调研区域广，成本低，被调研者有充分时间思考，且不会受调研人员偏见的影响。但缺点是：回收率低；被调研者可能误解问卷题意，产生偏差；时间长，可能遇到不负责者，易发生误差等。

（2）观察法。观察法即由调研人员直接或使用仪器在现场观察调研对象的一种方法。它主要用于对店铺内顾客活动的观察调研，对广告效果的观察调研，对新产品投放市场的观察调研，以及对人流量的观察调研等。观察法的优点是可以客观地取得所需情况，也可实地了解到当前使用产品的条件和技术要求，从中得到未来新产品的发展启示。缺点是不能了解到一些内在因素，如消费者的内心活动，而且常需观察较长时间才能发现某些规律。因此，观察法与访问法结合使用，能够收到更好的效果。

（3）文献调研法。文献调研法通过内部和外部两个途径收集现有的各种信息、情报资料。内部如通过收集企业简报、销售报表、调研报告、顾客意见等获取有用信息；外部如通过相关的书籍杂志、权威研究机构、各种服饰博览会、学术交流会及互联网获取更为高端的信息资料。用这种方法获得二手资料，节省人力、物力，避免重复劳动。

（4）实验法。实验法即通过小规模的销售活动测验某种产品或某项营销措施的效果，以确定扩大规模的必要性，可分为实验调研和现场实验两种。实验法是因果关系调查的主要方法。其应用范围较广，凡是改变与产品销售有关的因素，如品种、质量、装备、包装、式样、价格、广告等，都可用实验法了解用户反应，确定其是否合适和有效。实验法的优点是：反应灵敏，能获得客观真实的信息资料，能揭示事物间的因果关系，应用范围广。其缺点是：费用很高，时间长，对实验人员要求高，实施困难。

以上介绍的市场调研类型和方法不是互相排斥的，常常是某一类市场调研可分别采用不同方法，或某一种市场调研方法可适用于各类市场调研。而且各种调研方法使用时也并不是互相排斥的，在许多情况下互相结合使用或交替使用，均可收到更好的效果。

8. 确定调研资料整理和分析方法

一般来说，调研之后收集回来的资料处于零散和不系统的状态，因此要进行审核和整理，使之系统化和条理化，从而能以简明的方式反映研究对象的总体特征和规律，为下一步深入分析奠定基础。研究资料的整理可分为以下步骤。

① 设计资料整理方案即确定资料的分类标准及整理工作的具体要求和方法。

② 定量资料问卷回收后审核填答是否完整，有无遗漏和差错，对有遗漏和差错的问题进行订正，并剔除无效问卷；对二手资料中的数据也要核对其来源的可靠性、真实性，对有疑问的数据要通过其他途径进一步核实；对定性资料要进行分类整理，以便于分析。

③ 汇总和分组资料按研究项目或分类标准对资料进行汇总和分组，将汇总结果制成图表，以供分析使用。

④ 资料的系统积累将汇总的资料存入数据库，以便于以后的资料分析。

资料整理方法主要是根据市场现象的特点和研究要求，将研究资料按某种标志或标准进行分组或分类。将具有相同特点或性质的现象归纳在一起，从而发现市场现象的本质和内在规律。数据资料的分组方法如下。

数据资料可以根据研究要求按不同的方式分组。最常用的是按研究对象的背景特征分组。对消费者进行研究的主要分组标志有性别、年龄、文化程度、婚姻状况、职业、收入、家庭规模、居住区域等；对企业或经销商进行研究的分组标志有企业规模、性质、产品种类、资产、销售收入、利润、地理位置等。大多数营销研究都要选择其中某些特征进行研究，作为对总体进行描述的背景变量。

有时根据研究要求需要按被访者的某些行为特征进行分组，按购买过某种产品和未购买过某种产品的人分组，或一年内购买服装的费用分组；也可按消费者对产品或品牌的态度分组，如按喜欢某一品牌和不喜欢某一品牌的人分组。按行为或态度分组常常要和被访者的背景特征进行交叉统计，如以性别和是否购买过某一产品进行分组，来比较性别对购买某类产品的影响。

采用实地调研方法搜集的原始资料大多是零散的、不系统的，只能反映事物的表象，无法深入研究事物的本质和规律性，这就要求对大量原始资料进行加工汇总，使之系统化、条理化。目前这种资料处理工作一般由计算机进行，这在设计中也应予以考虑，包括采用何种操作程序以保证必要的运算速度、计算精度及特殊目的。

随着经济理论的发展和计算机的运用，越来越多的现代统计分析手段可供我们在分析时选择，如回归分析、相关分析、聚类分析等。每种分析技术都有其自身的特点和适用性，因此，应根据调研的要求，选择最佳的分析方法并在方案中加以规定。

9. 确定提交报告的方式

主要包括报告书的形式和份数、报告书的基本内容、报告书中图表量的大小等。

（1）数据资料的汇总。为了使研究后的结果能系统、完整、简明地反映研究对象的客观情况，对分组后的数据资料应进行汇总和统计处理，以便于进行描述和分析。资料汇总既可以采用手工方法，也可以采用计算机处理。手工方法方便灵活，易于操作，但往往工作量大，易于出错，比较适合于样本量和研究项目较小的资料汇总。现在大多数研究数据和资料都采用计算机汇总和统计处理，常用的软件有EXCEL、SPSS等。应用计算机软件处理时，首先要对研究资料进行编码。研究资料中有两类信息，一类是数字信息，另一类是文字信息。数字信息可直接录入计算机，如年龄、收入、销售额等。但如果研究时，这类资料是经过事先分组得到的，则要看作文字信息。文字信息需要根据分组情况进行编码，将其转化为数字信息。编码工作可在研究前进行，也可在研究后进行。编码确定后，就可以按问题顺序或事先制定的规则录入数据，确认没有录入错误后即可进行统计处理。

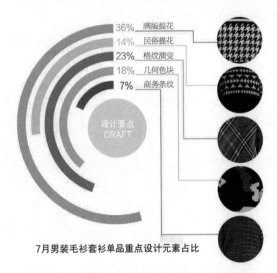

7月男装毛衫套衫单品重点设计元素占比

图4-8　男装毛衫套衫单品重点设计元素占比

（2）数据的制表和制图。经过统计处理的数据资料，一般是用表格或图形的形式表示出来。表格和图形的制作，既可用手工方式，也可用计算机进行。用计算机制作图表，快捷方便，制作的图表简洁、美观，制作时可直接在数据统计处理时生成图表，也可在WORD文档或其他文字处理软件中应用相应的图表工具制作。采用表格来表达数据，比只用文字表达更清晰、简明，易于看出数据间的联系，也有利于比较和分析（图4-8）。

（3）研究报告的撰写。研究报告是研究人员经过对某个或某类现象认真细致的分析和研究之后写成的一种书面报告，其基础是研究收集的资料、数据和分析结果，但有其特定的格式、要求和内容。市场研究报告要全面、及时、准确地反映市场研究的主要结果，还要有对研究结果的分析、解释，提出明确的观念、结论及建议。在格式和语言上要层次清晰、易于阅读，使阅读者很快便能抓住研究的主要结论。

研究报告一般由标题、目录、概要、正文、结论、附件等几部分组成。标题主要是告诉阅读者研究的问题；目录是为了方便读者的阅读，在图表较多的情况下还应列出图表目录；概要主要介绍研究项目的基本情况，包括选题背景、研究目的、方法、对象、时间、地点和内容、研究组织实施过程、遇到的问题及处理方法，问卷回收情况，研究资料的分析方法等；正文主要是系统准确地介绍研究所得到的全部或主要结果和信息，并对结果进行科学的论证、分析、解释和阐述。通过正文论述后，得出有价值的结论和建议，并附上需要说明的材料。

第二节　服装市场预测

预测是针对某一目前还不明确的事物，根据其过去和现在的已知情况，估计和推测未来可能出现的趋势。这种估计和推测应该是在正确的理论指导下，通过广泛调查取得第一手资料或第二手资料，再运用定性分析和定量分析的方法，对市场今后的发展变化做出质的描述和量的估计。

市场预测与市场调查的区别在于，前者是人们对市场未来的认识，后者是人们对市场过去和现在的认识。市场预测能帮助经营者制定适应市场的行动方案，使自己在市场竞争中处于主动地位。

一、服装市场预测的概念

服装市场预测是指在对影响服装市场的诸因素进行系统调查的基础上，运用科学的方法和数学模型，对未来一定时期内服装市场的供求变化规律以及发展趋势进行分析，进而做出合乎逻辑的判断和测算。例如，对服装企业的某个服装产品的需求情况的预测，销售发展变化情况的预测，对服装原料、服装设备、服装价格的预测，对消费者心理、习惯和购买力状况变化的预测等（图4-9）。

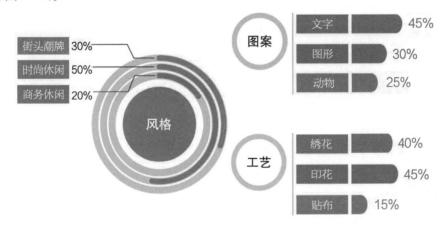

图4-9　男装图案流行分析数据

服装市场预测和服装市场调研，都是服装企业在生产经营活动中研究服装市场变化的方法，它们对服装企业的经营决策起着同样重要的作用，两者既有密切的联系，也有不同的特点，主要区别表现在以下几个方面。

1. 两者研究对象的侧重点不同

服装市场调研侧重于调研服装市场的过去情况和现状，及时而准确地掌握信息，了解情况；服装市场预测则是研究服装市场的未来，通过服装市场信息，掌握服装市场未来的变化趋势。

2. 两者的研究方法不同

服装市场调研的方法实际上是一种取得服装市场信息资料的方法，一般采取定性方法较多；而服装市场预测的方法是在服装市场调研的基础上，根据已有资料做出科学推断和估计的方法，它不但充分运用定性分析方法，还大量应用定量分析方法，如建立数学模型、运用计算机进行运算等。

3. 两者的要求也不同

服装市场调研为服装市场预测和决策提供资料，因此力求调研资料的准确可靠，符合客观实际。服装市场预测的目的是为科学的决策提供认识依据，因此必须考虑更多的因素，研究决策的科学性和可行性，使服装市场预测符合决策的需要。

服装市场调研和服装市场预测的关系可以概括为：服装市场调研是服装市场预测的前提和基础，而服装市场预测是服装市场调研的延续。两者的结合，使服装企业能够掌握过去、现在和未来市场变化的完整信息，为制定市场营销计划提供依据。同时服装市场调研对服装市场预测的结果可以起到验证和修正的作用。

二、服装市场预测的类型

服装市场预测，从不同角度划分可以有多种分类，一般可分为以下几种。

1. 按时间层次划分

（1）近期预测。近期预测的预测期在1周至半年之内，主要是为服装企业日常经营决策服务。通过近期预测有助于企业及时了解服装市场动态，掌握服装市场行情变化的有利时机。

（2）短期预测。短期预测的预测期一般在半年以上至2年之内，主要是测算年度服装市场需求量，为服装企业编制年度计划、安排市场、组织货源提供依据（图4-10）。

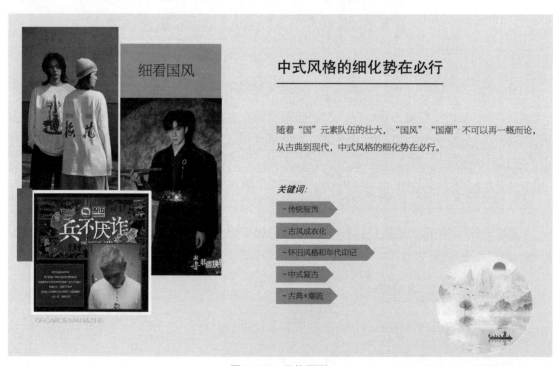

图4-10　风格预测

（3）中期预测。中期预测的预测期一般在2年以上5年以内，一般是对政治、经济、技术、社会等影响服装市场发展起长期作用的因素，在调查分析后，做出未来服装市场发展趋势预测，为服装企业制定中期规划提供依据（图4-11）。

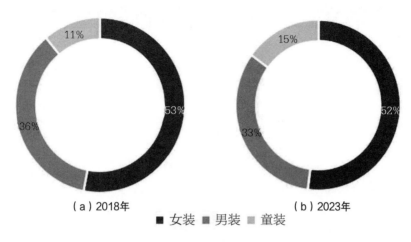

图4-11　中国服装细分市场占比预测

（4）长期预测。长期预测的预测期一般在5年以上，是为服装企业制定长期的发展规划或制定经营战略提供依据。长期预测的对象，在这里主要是指服装企业营销条件的长期发展趋势，主要包括与服装企业产品发展有关的经济技术发展趋势，同时还包括政治、社会发展趋势（图4-12）。

图4-12　中国服装市场变革创新

2. 按产品层次划分

（1）单项产品预测。单项产品预测，是指对某单项服装产品（如衬衫、西服、皮衣等）按品牌、规格、质量、档次等分别预测其市场需求量。

（2）同类产品预测。同类产品预测，是指按产品类别（如按针织品类、纯毛类、纯棉类服装等）预测服装市场需求量。对同类产品的预测还可以进一步按同类产品的不同特征，如产地、质量等分别进行分类（图4-13）。

图4-13　我国服装中高低端市场分类

（3）分消费对象的产品预测。包括两种情况：一是按某一类消费对象（如工人、农民、知识分子等）需要的各种服装产品进行的预测，二是按不同消费对象所需求的某种服装产品的花色、款式、规格进行的预测。例如，休闲服不仅可以按男装、女装、童装进行预测，还可以按老年、中年、青年以及胖、中、瘦体型分别进行预测。

（4）产品总量预测。是对服装消费需求的各种服装产品总量进行预测。

3. 按空间层次划分

（1）国际市场预测。是一种对世界服装市场发展的预测。它还可以划分为不同的地区市场预测，如中东市场、拉美市场等。国际市场预测主要是对服装企业国际营销环境的发展趋势及营销渠道、营销方式、营销机会以及服装企业国际竞争等做出估计。

（2）国内市场预测。是一种对某类（种）服装产品的国内需求和市场竞争态势的预测。可利用各种市场信息资料，采用科学的方法进行分析研究，以推测未来一定时期内国内市场需求情况及发展趋势，为企业确定营销目标和制定营销策略提供依据。

（3）地区市场预测。是指对某一地区，如东北地区、华北地区、西北地区以及华东、中南等地区市场服装产品的预测。地区有时可更具体地划分，如北京、上海、广州等地区市场。地区市场预测一般着重于市场潜力、消费习俗、服装企业的产品销售额或服装企业市场占有率等预测。其主要目标是为了扩大服装产品市场占有率，开拓新市场或巩固原有市场。

三、服装市场预测的内容

服装市场预测的内容非常广泛，不同的市场主体或不同的预测目的决定了市场预测有不同的侧重点。企业所进行的预测，主要包括服装市场需求预测、服装产品生命周期预测、服装市场占有率预测、服装市场销售预测等。

1. 服装市场需求预测

服装市场需求预测是预测消费者、用户在一定时期、一定市场范围内，对某种服装商品具有货币支付能力的需求。它不仅包括服装需求量的预测，还包括需求服装商品的品种、规格、花色、型号、款式、质量、包装、品牌、商标、需要时间的预测等（图4-14）。

图4-14　服装色彩预测图

影响服装市场需求的因素很多，有社会因素、政治因素、经济因素、自然因素、产品销售因素等，其中主要的是经济因素中的社会购买力，如消费者收入、消费者支出、币值等因素。因此，对服装市场需求的预测必须在充分调研的基础上，对服装商品购买力、服装消费需求量等，分别进行预测，并搞清楚购买者需要什么，需要多少。服装市场需求预测包括质与量两个方面：从质的方面考察，服装市场需求预测要解决"需求什么"的问题；从量的方面考察，服装市场需求预测需要解决"需求多少"的问题（图4-15）。

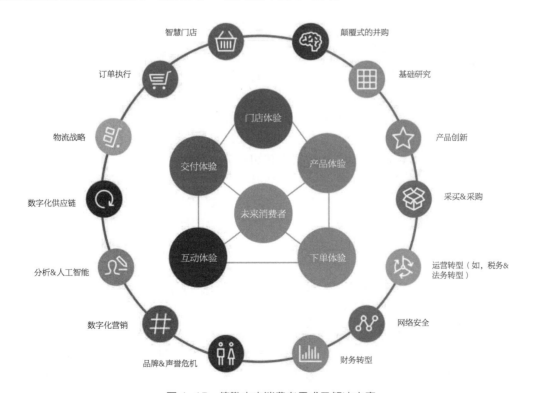

图4-15　德勤未来消费者需求及解决方案

2. 服装产品生命周期预测

服装产品生命周期，是指一种服装新产品上市，在服装市场上由弱到强，又从盛转衰，直到被服装市场淘汰的全过程。它包括试销期、成长期、成熟期、衰退期四个阶段。服装产品生命周期预测就是对销售量、获利能力的变化进行分析，在服装产品生命周期全过程中，对服装产品需求量和利润量随时间变化的趋势所进行的预测。

服装产品在其生命周期的不同阶段，由于服装市场需求和竞争状况的不同，其成本、销售、利润潜量等都是不同的，因此，预测服装产品生命周期的转折时期就显得尤为重要。它可以帮助企业掌握其服装产品所处阶段或将要进入阶段的时机，从而采取相应的经营决策，把握服装市场，增加服装商品销售量，提高利润。

3. 服装市场占有率预测

服装市场占有率是指在一定的市场范围内，服装企业提供的某种服装商品的销售量在同一市场服装商品总销售量中所占的比例，或指该服装企业的服装商品销售量占当地市场服装商品总销售量的比例。

服装企业进行服装市场占有率预测分析，可以揭示服装企业所处的地位及变化机会，从而不为销售量的绝对数所迷惑，真正感受到服装市场竞争的压力，促进服装企业注重产品的更新换代，注重员工素质和服务质量的提高，留住老顾客、吸引新顾客、使服装企业在服装市场竞争中立于不败之地。

4. 服装市场销售预测

服装市场销售预测是指对服装企业的服装商品销售量的预测。即从服装企业的角度预测本企业未来服装商品销售的前景。它包括质与量两个方面：质的预测是解决"适销对路"的问题，例如某商场同一种服装产品从几处进货，消费者喜欢外地产品还是本地产品，服装产品销售状态是畅销还是滞销等；量的预测是解决"销售数量和销售额"的问题，例如保本的销量预测、实现目标利润的销量预测、服装企业最大利润的销售量预测等。

在市场经济条件下，服装企业参与市场竞争的目的是争夺市场，扩大销路，获取利润。利润与销售量直接相关，在其他条件不变的情况下，销售量的扩大就意味着利润的增加。对服装企业服装商品销售进行预测，可以使服装企业进一步了解消费者的具体要求，找出服装商品销售在服装市场上存在的问题，为服装企业确定生产经营计划，特别是销售计划、销售措施提供依据。

服装市场预测的内容除以上几种外，还有服装商品资源预测、服装市场营销组合预测、服装新产品发展预测等，上述第一至第四种预测是服装市场预测的主要内容。

5. 服装商品资源预测

服装商品资源预测是指在一定时期内，对投放服装市场的可供出售的服装商品资源总量及其构成以及各种具体服装商品可供量的变化趋势的预测。可供出售的服装商品资源主要来自生产部门，其次是进口，此外还有国家储备、商业部门的储存以及社会潜在的资源。

我国由于外贸进口主要受国家控制，因此服装商品的资源预测主要是预测生产部门可供出售的服装商品量及其构成。在预测时，往往与需求预测结合起来，用于预见未来服装市场需求矛盾的变化趋势。

6. 服装市场营销组合预测

服装市场营销组合预测是对服装企业的产品、价格、销售渠道和促销方式等营销因素所进行的预测。

（1）产品预测。现代产品，不仅包括产品的物质实体，还包含产品的商标、包装以及安装、维修、咨询等方面。服装产品组合是由产品线的不同宽度、深度和关联度所决定的生产策略。现代服装企业既要提高专业化程度，组织大批量生产，强化产品线的深度；又要实行多样化经营，适应市场变化的需要，扩大产品线的宽度。前者可以更加广泛地满足各种需求，甚至是特殊的消费需求，有利于占领更多的细分市场；后者有利于挖掘企业潜力，分散投资风险，不断占领新的市场。加强产品线的关联性，可以增强企业的竞争地位，提高产品的市场占有率。开展产品组合预测，有利于服装企业制定正确的产品组合策略，提高企业在行业中的优势。

服装产品的商标是现代整体产品的组成部分。消费者购买某件服装产品，有时是奔着商标来的，因为他们认为该商标产品的质量信得过，价格也合理，还可以享受到良好的服务。服装产品的包装，除了能保护商品、方便运输外，还起着"无声的推销员"的作用。高质量的售后服务，能使用户得到更大的满足，促使其重复购买。对市场上将会受欢迎的商标、包装和售后服务进行预测，有利于合理运用营销手段，促进服装的销售。

（2）价格预测。价格是市场营销活动最重要的内容。每个服装企业都需要了解竞争企业或竞争产品的价格，而且还必须注意不同价格水平会导致不同的需求量。因此，企业需要对竞争产品的成本和价格进行预测。产品价格确定后，企业应当及时地调研价格是否偏高或偏低、是否对消费者与经营者都有利以及与竞争对手相比是否具有优势或主动性等。

有条件的企业还应当进行产品需求曲线的预测。当服装产品需求曲线缺乏弹性时，提高产品价格可以增加企业收入；如果产品需求曲线富有弹性时，降低价格可以增加企业收入。企业掌握这些情况，对产品价格的及时调整很有帮助。

（3）销售渠道预测。销售渠道即商品流通渠道，是企业产品实现其价值的重要环节，包括合理制定分销路线、选择与配置中间商、有效安排运输与储存、适时向用户提供适用的商品等。如果企业销售渠道的数量多，商品流通的路线就会广，市场占有率也会高。消费品的销售渠道，可以在代理、批发和零售等中间商中选择一个或几个层次；生产资料的销售渠道一般不需要零售中间商。

生产者选择销售渠道时，应对自身的条件、产品的情况和所处的市场进行综合分析。如企业的资本、商誉、服务和管理能力等，产品的单价高低、体积大小、易毁或易腐、通用或专用等，市场上同类商品的多少、潜在顾客的数量、购买者的习惯等。服装企业开展销售渠道的预测，就是要对这些影响因素的未来变化情况做出推测与判断，以确定相应的策略。

（4）促销预测。促销是服装企业通过一定的方法或手段向消费者传递信息，从而促进消费者对产品或企业的了解，并影响消费者的购买行为。市场营销的实践表明，客户接受一种产品的前提，首先是接受消费这一产品的观念。通过多种媒介传递信息，说服客户，就能创造使用这种产品的社会氛围。

企业促销方式主要有广告、人员推销、促销和公共关系四种具体形式。各种形式都有自身的特点，相互之间又存在着一定的替代性。营销部门在大多数情况下都必须配合使用。企业开展促销方式的预测，就是要估计不同产品最适合的信息传递途径，推测顾客在不同促销方式下消费观念的变化，测算企业在各种促销组合下的经济效益。

上述营销要素各自的单体优势不一定能形成整体优势，单体优势之间还有一个整体优化问题。因此，必须结合起来进行整体研究。将服装企业的产品、价格、销售渠道和促销方式结合起来，进行综合性的预测，是市场营销组合预测的关键。

四、服装市场预测的程序

市场预测的程序就是开展预测工作的步骤，它是提高预测工作效率和质量的重要保证。完整的预测工作一般包含以下几个步骤。

1. 确定预测目标

由于预测的目标、对象、期限、精度、成本和技术力量等不同，预测所采用的方法、资料数据收集也有所不同。明确预测的具体目标，是为了抓住重点，避免盲目性，提高预测工作的效率。例如，预测某款服装商品的需求量，就是一个具体的预测目标。确定了这个目标之后，才能为搜集市场商情资料、选择预测方案、配备技术力量和预算所需费用指明方向。只有根据服装企业经营活动的需要制定预测工作计划、编制预算、调配力量、组织实施，才能以较少的费用取得满意的预测结果。

2. 搜集资料

资料是预测的依据，有了充分的资料才能为市场预测提供可靠的数据。搜集有关服装市场中的各种资料是进行服装市场预测的重要基础工作，如果某些预测方法所需的资料无法搜集或搜集的成本过高，即便有理想的预测方法也无法使用。广泛收集影响预测对象的一切资料，注意资料的真实性和可靠性，剔除偶然性因素造成的不正常情况，是定量预测模型的基础条件。

3. 选择预测方法与建立预测模型

市场预测方法有很多，但并不是每个预测方法都适合所有被预测的问题。预测方法选用是否得当，将直接影响预测的精确性和可靠性。根据预测的目的、费用、时间、设备和人员等条件选择合适的方法是预测成功的关键。对同一个预测目标，一般应同时采用两种以上的预测方法，以比较和鉴别预测结果的可信度。定量预测模型应该在满足预测要求的前提下，尽量简单、方便和实用。

4. 分析预测误差

预测是估计和推测，很难与实际情况百分之百吻合。预测模型又是简化了的数学模型，不可能包罗影响预测对象的所有因素，出现误差是不可避免的。产生误差的原因，一种可能是收集的资料有遗漏和篡改或预测方法有缺陷；另一种可能是工作中的处理方法失当、工作人员的偏好影响等。因此，每次预测实施后，要利用数学模型计算的理论预测值，与过去同期实际观察值相比较，计算出预测误差，估计可信度。同时，还要分析各种数学模型所产生误差的大小，以便对各种预测模型做出改进或取舍。误差分析往往同选择预测方法结合进行。

以上几个预测步骤是密切联系的，在先后顺序上有时也可交叉进行。市场调研人员应当根据预测的目的要求和实际工作进程灵活把控。

5. 编写预测报告

预测报告是对预测工作的总结，也是向使用者做出的汇报。预测结果出来之后，要及时编写预测报告。报告的内容，除了应列出预测结果外，一般还应包括资料的搜集与处理过程、选用的预测模型、对预测模型的检验、对预测结果的评价（包括修正预测结果的理由和修正的方法）以及其他需要说明的问题等。预测报告的表述应尽可能利用统计图表及数据，做到形象直观、准确可靠。

五、服装市场预测的方法

通过以上程序进行市场预测可以掌握必要的资料，但同时也需要运用科学的预测方法。市场预测的方法很多，据统计有上百种之多，其中使用广泛且有效的有二三十种，经常使用的有十几种。

用于服装市场预测的方法大体可归纳为三类，即直观预测法、时间序列分析法和相关分析法。

1. 直观预测法

也称判断分析预测法，是由预测人员根据已有的历史资料和现实资料，依靠个人的经验和综合分析能力，对市场未来的变化趋势做出判断，并以判断为依据做出预测。这是一种定性预测方法。

2. 时间序列分析法

这种方法是将经济发展、购买力增长、销售变化等同一变数的一组观察值，按时间顺序加以排列构成统计的时间序列，然后运用一定的数学方法使其向外延伸，预计市场未来的发展变化趋势，确定市场预测值。这是一种定量预测方法。

3. 相关分析法

这种方法也称因果分析法，是利用经济发展过程中经济因素的内在联系，运用相关分析的理论判断其相关的性质和强度，从而预测产品的市场需求量和发展趋势。这是一种定量预测方法，适用于中、长期预测。

第五章
服装市场消费者心理与行为

通过研究消费者心理来准确描述消费者的生活轨迹和消费态度，透过消费者的表面特征去深入了解他们的动机、需求、喜好、品牌意识等，可以帮助企业准确进行品牌风格定位，帮助发现新的细分市场，弥补空白市场的欠缺，满足不同层次、不同需要的消费者需求，建立独特的品牌个性，从而提高其面对的消费者的品牌忠诚度。

研究服装消费者的消费心理与行为，需要从深层次把握其内在本质，了解消费者行为背后隐含的心理变化规律，准确描绘新款服装在市场上的营销发展轨迹，从而有助于服装企业制定有效的市场营销组合策略，满足不断变化的消费需求。服装市场中的消费主体是消费者，是服装市场营销的目标，发现需求、提供需求、引导需求在本质上都是为了满足消费者的生理、心理需要。服装市场营销要基于服装心理学进行消费群体解析，其意义主要表现在服装人文主义的现实反映。

第一节　服装消费者需求

服装作为一种与人们的生活息息相关的商品，随着社会生产力水平的提高，它的功能日益改变，人们对它的需求也在不断地变化。但是不管消费者需求如何变化，总可以找到一定的规律。服装企业可以通过分析服装市场需求的变化规律，以及影响服装市场需求变化的因素，生产出适销对路的服装，满足消费者的需求。

一、服装消费者需求概述

消费者需求是消费者对以商品和劳务形式存在的消费品的需求和欲望。随着市场经济的迅猛发展，"顾客至上"已成为许多服装企业的服务理念。消费者的需求就是销售者的市场，怎样把握这个市场成为各服装企业长期探究的问题。

从新产品创意的产生到创意的筛选、产品概念的形成、市场营销战略的制定、商业情况分析、产品的开发、产品试销，直至最后产品正式上市，这一系列环节都不是孤立的，它们都与消费者的需求反映密切相关。不论哪个环节都离不开消费者的需求反映。离开了消费者需求的产品就不再是商品。

一个企业要使自己生产的产品达到好的销售水平，提高自己产品的市场占有率、扩大销售额，就要对消费者需求进行分析。首先，必须要了解消费者的需求心理，对于他们要购买什么、何时购买、何处购买、由谁购买、为何购买以及如何购买这一系列问题进行客观的市场调研分析，准确掌握消费者的需求特性，以利于企业更好地开展活动。

1943年美国人本主义心理学家马斯洛（Maslow）发表的《人类动机理论》中，首次提出了"需求层次"这一重要概念。马斯洛认为，人类不分民族、性别、年龄，都可以从中找到需求的共同点。马斯洛的需求论在一定程度上概括了服装消费心理。处于安全需求、社交需求和尊重需求层次的个体与着装消费有密切关系。随着消费生活由低层次向高层次演进，服装消费行为一般有认同倾向（即朝高层次消费者靠拢的方向），而高层次消费者为了与低层次消费者的服饰相区别，会去寻求新的服饰，这样在不断地认同、求新、再认同、再求新的过程中，形成了服饰的流行行为。服装消费者的购买动机，是指消费者为了满足自己一定的需要而引起购买行为的愿望或意念，它是引起消费者购买某一服装产品和服务的内在动力。

马斯洛把人的需求分成以下五个层次。

① 生理需求。即维持人的本身和繁衍后代的基本生活需求，如衣、食、住、行、婚姻等方面的需求。

② 安全需求。即渴望人身得到安全保证，以避免遭受危险和威胁的需求，如职业保障等需求。

③ 社交需求。即要求与人交往，希望得到友谊、参加团体活动、得到别人的重视等。

④ 尊重需求。即渴望得到他人或社会的尊重的需求，如地位、荣誉、财富等。

⑤ 自我实现需求。即对发挥个人才干，实现理想的需求，如抱负、理想，想在某些方面取得特殊的成就等。

二、服装消费者购买动机

一个人对服装会有许多需求，有些是生理性的，如由寒冷引起的；另外一些是心理性的，由对美、尊重、个性的追求而引起。当需求达到足够强烈的程度就成为"动机"。所谓动机就是指足以迫使人们去寻找满足的需要。它是指导人们行动的直接原因，具有起动性、指向性和持久性的特点。任何购买行动的起因，总是受着一定的购买动机的支配，甚至是受到多种动机共同支配。事实上，由于消费者的生理需要和心理需要的密切联系与复杂多样，他们的购买活动往往不是单纯为适应一种购买动机，更多的是适应多种相互联系并同时起作用的购买动机。例如，消费者购买服装除了保暖外，还追求服装的美感与个性化等特点（图5-1）。

不过，在多种共同起作用的购买动机当中，有的是主导性的购买动机，有的是辅助性的购买动机；有的是鲜明清晰的购买动机，有的是隐蔽模糊的购买动机；有的是稳定的、理智性的购买动机，有的是即变的、冲动性的购买动机；有的是普遍性的购买动机，有的是个别性的购买动机。

根据消费者在购买过程中参与者的介入程度和品牌间的差异程度，将消费者的购买行为划分为7种类型，分别是求实购买，求新、求异购买，求美购买，求名购买，求廉购买，求变购买，模仿或从众购买。

1. 求实购买

求实购买是指消费者以追求商品或服务的使用价值为主

图5-1 印花长裙设计

导倾向的购买类型，消费者在选购服装产品时更注重实惠和实用，讲求朴实大方、经久耐穿、使用便利（图5-2），对产品的造型、品牌和包装不做过多要求。

2. 求新、求异购买

求新、求异购买是指消费者以追求服装商品和服务的时尚、新颖、奇特为主导倾向的购买类型。注重服装产品的"时髦"度和"新奇"感（图5-3），追求产品的款式和社会流行元素，这种类型在追求个性化的青年人中较为常见。

图5-2　健身服设计　　　　　　图5-3　个性服饰设计

3. 求美购买

求美购买是指消费者以追求商品欣赏价值和艺术价值为主要倾向的购买类型，消费者注重产品的颜色、造型、款式和包装等外观因素（图5-4），讲求服装产品的风格和个性化特征的

图5-4　连衣裙设计

美化、装饰作用及其带来的美感享受。

4. 求名购买

求名购买是指消费者以追求名牌、高档商品，借以显示或提高自己的身份、地位而形成的购买类型，注重服装产品的社会声誉和象征意义，讲求产品与其生活水平、社会地位和个性特征的关联性。

5. 求廉购买

求廉购买是指消费者以追求商品、服务价格的低廉为主导倾向的购买类型，注重"价廉"和"物美"原则，非常注重服装产品的价格变动，而对服装产品的质量、花色、款式、品牌和包装等不十分挑剔。

6. 求便购买

求便购买是指消费者以追求商品购买和使用过程中的省时、便利为主导倾向的购买类型，注重购买过程的时间和效率，希望能快速、便捷地购买到中意、符合需要的服装。

7. 模仿或从众购买

模仿或从众购买是指消费者在购买商品时自觉不自觉地模仿他人的购买行为而形成的购买类型，该动机通常在相关群体和社会风气的影响下产生，跟随他人购买特定品牌、特定款式的服装，而未顾及自身特点和需要，因此会有一定的盲目性和不成熟性。需要指出的是，上述购买动机不是彼此孤立的，而是相互交错、相互制约的。在有些情况下，一种动机居于支配地位，其他动机起辅助作用；在另外一些情况下，可能是另外的动机起主导作用，或者是几种动机共同起作用。因此，在调查、了解和研究的过程中，对消费者购买动机切忌做静态和简单的分析。

三、服装消费者需求特征

市场消费者需求是随着流行趋势和社会经济等因素的变化而不断发展的，虽然因受到各种因素的影响而变化，但总是存在着一定的趋同性和规律性。从总体上分析，服装消费者需求一般具有以下特点。

1. 多样性

我国消费市场广大，人数众多。不同的民族、不同的地区存在着差异，同一民族、一地区的消费者又因为性别、年龄、职业、知识层面、性格等不同，存在着不同的消费喜好，这就要求企业销售的产品要满足多品种、小批量的要求（图5-5）。

图5-5 个性潮流风格展示

服装消费需求的多样性，导致服装市场要做出快速反应。而随着社会的进步，人们观念的更新、收入水平的不断提高和购买力的增强，消费者需求的多样性也将越来越明显。

2. 层次性

马斯洛需求层次理论把人们的需求分为生理需求、安全需求、社会需求、尊重需求、自我实现需求。由于经济因素的影响，人们的需求行为总是从低级需求向高级需求发展。只有当低一级的需求得到满足时，人们才开始追求高一级的需求。处于不同层次的消费者，对需求的要求也各不相同。

3. 诱导性

消费者不等于购买者，也不等于使用者。这三者之间存在过渡，就使得消费者需求存在诱导性。消费者是一个笼统的概念，它集发起者、影响者、决策者、购买者、使用者五个角色于一身。在不同的销售时间、地点出售的不同品牌和种类的产品，购买者对其有很大的选择性。购买者不仅仅像使用者那样过于注重产品的功效，而更有可能因产品包装、价格、销售方式的不同产生购买行为的变化，这就要求服装企业在产品销售时，采用正确的产品组合策略、价格策略、渠道策略和促销方式对产品进行销售。

4. 时代性

经济的快速发展、人民生活水平的逐步提高，使时尚成为大多数消费者追求的目标，特别是女性消费者，她们的消费理念不仅限于满足基本的物质需求，而是开始更多地追求享受性消费和智能性消费。这就要求服装企业在产品开发时注重创新意识，多开发新奇的产品，而不只是复制产品（图5-6）。

图5-6　带有时代性的潮流服饰风格

5. 季节性

随着四季气候的周期变化，消费者消费需求也存在着周期的变化。当然，这不排除部分消费者因为价格因素，出现"夏买棉袄、冬买凉鞋"的反季节购物行为。但服装本身的季节性和流行性特点要求服装企业在产品定购上做好计划，通过一些现代的方法确定经济批量，做好仓储管理中的安全库存部分，确保服装企业能稳定地运作。

6. 流行性

服装的流行是一个具有时间性的概念。消费者接受的时间有多长，服装款式的流行时间就会有多长。对服装来讲，服装消费需求的流行性，并不意味着所有的消费者或者大部分消费者都赞许，某一款式常常只能为某一特定群体的人所认可，但它仍可以成为流行。它不仅具有时间性，还具有时代感。通过流行，体现出时代的特征。例如，20世纪70年代流行的喇叭裤（图5-7）；80年代流行的牛仔裤；90年代后期至今仍在年轻女士中流行的吊带裙等。

7. 互补性和互替性

消费者的服装需求具有互补性和互替性的特点。在市场上，人们经常看到某种服装的销量减少而另一种服装销量在增加。例如，长裙流行会影响短裙销量；全棉面料服装的增多会使化纤面料的服装相对减少；时尚的九分裤的流行会降低消费者对标准裤长裤子的需求。这就要求服装企业及时根据市场变化趋势，有计划地生产适销的服装。

图 5-7　20世纪70年代流行的喇叭裤

第二节　服装市场消费者购买行为

消费者的购买行为，是消费者市场需求实现的必然过程和动态反应，在消费者心理及外界环境的影响下，消费者的购买活动表现为对一系列问题的决策过程，并呈现出阶段性。分析和掌握消费者购买行为的规律性，有助于企业更好地细分市场和选择市场，制定更有效的市场营销策略。

一、服装消费者购买行为的概念

所谓服装消费者的购买行为，是指消费者为满足个人和家庭的需要，而购买服装服饰的行为。

消费者的购买行为是一个投入产出的过程，一方面，消费者接受各种外部刺激，另一方面，消费者做出各种反应。外部刺激往往是可捉摸的，而消费者如何消化各种外部刺激，从而形成各具特色的某种反应，则常常难以揣摩，它成为消费者行为中的一个"黑箱"。这就是消费者购买行为的刺激-反应（S-R）模式。市场营销刺激和其他刺激通过进入购买者的"黑箱"而引起反应。其中，市场营销刺激包括企业的产品、价格、分销渠道和促销等方面；其他刺激包括购买周围的环境因素的影响，如政治经济形势的变化、币值的波动、失业率的高低等。所有这些刺激经过购买者的"黑箱"而产生一系列的购买者反应，即影响购买者行为。在刺激和反应之间的消费者"黑箱"，由以下两个部分组成。

① 购买者特性。不同特性的购买者对同一刺激会产生不同的理解和反应。购买者特性会受到很多因素的影响并进而影响购买者对刺激的理解和反应。

② 购买者的决策过程。它直接影响最后结果。

二、服装消费者购买行为的类型

服装消费者的购买行为可以分为两大类型：一种是有计划的购买行为，可称之为计划购买;另一种即冲动购买。冲动购买总伴有非理性的因素,有时可以是非理性的行为。冲动购买在购买行为总数中占有很大的比重。特别是在今天工业化和商业化越来越发达的社会里,冲动购买所占的比例越来越大,而在时装、饰品和化妆品的购买行为中占的比例更大。服装的冲动购买又可分为以下五种类型。

1. 临场冲动购买

临场冲动购买是指消费者的购买决定是在商场或其他购买现场临时决定的。虽然消费者在进商店之前已经有了某种模糊的购买欲望,但商品本身和商场的购买环境是促使消费者下定决心购买的必要因素。例如,拿到一笔奖金的女青年,想好要用于购买新衣服,但到底买不买、买什么要等进店看了以后才能决定。这种冲动购买的理性程度较高,与计划购买比较接近。

2. 提示冲动购买

提示冲动购买是指受某种提示或暗示的影响完成的购买行为。这种提示可以是比较明确的记忆,也可以是潜意识。例如,在商场浏览时,突然发觉某条裙子与自己在某次时装表演上看到且感到非常喜欢的那条非常相似,于是马上买下了。又如,在某店橱窗看到一件套衫,感到似曾相识,非常喜欢,但也说不出什么时候见过,一下子就决定买下了。这种似曾相识之感可能是在过去翻阅时装杂志时留下的印象,只不过深深地埋藏在潜意识中。

3. 流行冲动购买

流行冲动购买是一种在追求新奇、追求时髦的心理驱动下产生的购买行为。当看到某种时装的款式很新或使用了某种新面料时,某些消费者就会产生冲动将它买下(图 5-8)。

4. 经济冲动购买

经济冲动购买是指那些在便宜的价格影响下产生的购买行为,特别是那些标明跌价幅度大的商品,消费者会毫不犹豫地买下,有时甚至会过量地购买。

图 5-8 立体钉珠裙装

5. 纯粹冲动购买

纯粹冲动购买是一种非理性程度最高的购买行为,除了强烈的购买冲动以外没有合乎逻辑的动机和明显的影响因素。经常进行这类购买的消费者往往自述道:"我总是突然地感到非买不可的冲动,于是我就买了"或者"我感到一股无法抗拒的吸引力"。

不同类型的消费群进行服饰的冲动购买的频率也不同。在调研中发现,就服饰而言,青年人的冲动购买可能性较中老年更高,女性较男性更高,富有者较贫困者更高,花较多时间逛商店的人则冲动购买的频率也较高,购买和拥有较多衣物饰品的人冲动购买的频率也较高。

服饰企业当然希望提高消费者进行冲动购买的次数，这就需要针对不同的消费群采取不同的策略。例如对于中老年消费者，提高产品质量和提供优质的店堂服务是关键，而对青年和学生，有号召力的商标品牌以及报纸杂志上的广告宣传等则更为重要。经常地更换陈列商品以具有吸引力的橱窗设计，对任何类型的冲动购买都具有第一位的影响。因为冲动购买的潜在顾客常常是漫无目的地徜徉在街头，希望他们买你的东西首先要把他们吸引进你的商店，并使他们作较长时间的逗留。很多消费者逛商店并不仅仅是为了购物，他们也把此作为闲暇生活中的一项娱乐内容，或以此了解流行信息。

三、服装消费者购买过程

消费者的购买行为是个十分复杂的活动过程，不同的消费者对不同商品的购买决策过程都是不同的，在对消费者购买过程进行研究分析后发现，这个活动过程归纳起来可以分成五个阶段。

1. 确认需要

消费者认识到自己有某种需要时，是其购买决策过程的开始。这种需要可能是由内在的生理活动引起的，也可能是由外界的某种刺激引起的。例如，一个人的棉大衣已经破损，失去了御寒能力，他就会产生购买一件新大衣的需求；一位姑娘会受到橱窗陈列的漂亮时装的吸引而产生购买的冲动。

促使消费者对服装产生需求的原因大致有以下几方面。

（1）自然破损。衣服破损后，就失去了其使用价值，必须进行更换。

（2）心理欲求的不满。衣服本身并无破损，仍可穿着，但因过时、不合潮流而放弃，添置新的时装。

（3）经济收入的变化。收入增加会刺激更多的需求，此时有的消费者会考虑购买时装。

（4）环境地位的改变。从农村进入城市工作的青年，或毕业后进入外资、合资企业或大公司的大学生，前者可能考虑购买符合城市风格的穿着，后者则有可能改变学生时代穿着随便的样子，追求成熟、稳重的着装形象。

（5）时尚潮流或新产品的影响。款式新颖的流行服装会吸引人们的注意，刺激人们的需求，手感良好、外观漂亮的新面料也会诱发人们的购买欲。

（6）服装的整体搭配。服装服饰整体配套对协调的穿着很重要，已日益引起人们的重视。如买了名牌西装的男士，需要相应的领带、衬衫、皮鞋、提包等与之配套。

在产生需求阶段，营销者应努力找出会诱发消费者特定要求或兴趣的情境，可通过消费者调查来回答如下问题：都有哪些需求？这些需求是如何产生的？它们是如何把消费者引向购买某一特定产品的？对于服装这类季节性和流行性强的产品，利用适当的时机，激发消费者的兴趣，形成一定范围的流行是十分重要的。

2. 收集信息

当消费者确认了自己对服装的需求以后，就会有意识地去寻找有关的信息，信息的来源主要有：
① 个人来源，如家庭、朋友、邻居、熟人等；
② 商业来源，如广告、销售人员、经销商等；
③ 公共来源，如大众媒介、消费者信誉机构等；
④ 经验来源，如接触及使用某产品的经验等。

这些信息来源的相对影响力随产品和消费者的不同而变化。总的说来，消费者得到的关于产品的信息主要来自商业来源（如大部分消费者都是通过报纸、杂志与商场的广告得到有关服装的信息），而最有影响力的来源，一般是个人来源（如消费者对朋友告知的信息总是比较容易相信和接受）。个人来源在服装的购买上影响更大。商业来源一般告知消费者，但个人来源能为消费者评价产品。商业信息是可以被营销者所控制的信息，因此服装企业应多在广告促销方面下功夫，以吸引消费者的注意力。

消费者通过收集信息，对市场上现有的品牌及其特征有了一定的了解，就会在他所知道和掌握的产品中进行选择。

由此可见，服装信息的传播是十分关键的一步，服装企业可以通过服装展示会、时装表演、在橱窗陈列服装、在时装杂志上刊登时装广告和通过电视、报纸等进行广告宣传，让消费者了解企业的产品，为其购买本企业的产品创造条件。

3. 评估选择

消费者通过信息的收集，形成了对产品的选择组合。接着他们将对所得到的信息进行全面的评估和选择，这是决策过程中决定性的一环。作为服装企业的营销人员，应研究掌握消费者评估和选择的依据是什么，消费者最关心的问题是什么。由于这一过程受到很多因素的影响，如消费者的个性心理特征、偏好、外界因素等，因此这一过程显得较为复杂。根据服装产品的特点，消费者在选择时往往会考虑到以下几方面的因素。

（1）产品属性。服装的属性有式样、颜色、面料、价格、做工、流行性等。消费者对服装产品各种属性的关心程度因人而异。他们最关心的是那些最能满足其当前需要的属性。服装市场通常可以按照不同消费者群体所重视的主要属性加以细分，如重视流行的消费者、重视品牌的消费者、重视价格的消费者等。另外，营销者还应努力找出消费者赋予各属性的重要性权数，即各类属性在消费者心中所占的比重。

（2）品牌形象。消费者通过分析、比较和结合以往经验，对某一品牌服装形成一组品牌信念，如A样式流行、B样式保守。并由此形成对某一特定品牌的信念组合，称品牌形象，如A品牌服装款式流行、色彩明快、做工一般、价格适中等。

（3）效用。消费者总是为了满足某种需求而购买产品，例如，消费者理想的服装可能是样式新颖、做工精致、知名度高而价格便宜，某件服装越接近这一"理想产品"，消费者便越可从中得到更大的满足。

（4）评价。消费者通过对各种品牌的评价而形成态度（判断、偏好）。如果某一品牌在各方面都优于其他品牌，这时消费者很快会做出购买决定。但大多数情况下，不同品牌各具特色的优势，会使人们面对不同品牌、式样、颜色的服装犹豫不决，拿不定主意。这时消费者认为最重要的那些属性或品质就会起较大的影响作用。

比较评价实际上就是消费者在购买前整理资料，对购买产品进行比较、鉴别的过程。服装企业应及时向潜在顾客提供必要的资料，帮助其做出有利于企业的选择。

4. 购买决策

通过备选服装产品的评估过程，消费者已在几种品牌中形成了偏好和购买方向。正常情况下，消费者会产生实际的购买行动，购买他所喜欢的服装。但有时消费者会受他人的态度、非预期的情境因素和知觉风险等影响，放弃或暂缓做出购买决定。

他人的态度对消费者购买决策的影响大小取决于他人与该消费者的关系密切程度、否定态度的强度以及消费者顺从他人意愿的动机。他人的否定态度愈强烈、与消费者关系愈密切，则该消费者放弃购买的可能性越大。相反，如果消费者尊敬或喜欢的人喜欢某一品牌或产品，则会促使他做出购买决定。由于服装具有整饰外观和在他人面前表现自我的作用，因而人们在购买服装时一般会比较在意他人的看法，在拿不定主意时常会与伙伴、亲友等一起商量选购。

消费者的购买决定还受到非预期的情境因素的影响，如涨价、家庭收入的突然减少或其他必需的支出增加等。因此，消费者即便形成了偏好和购买意愿，但并不意味着就一定会发生实际购买。

消费者放弃、暂缓或修正某项购买决策，还受到知觉风险的影响。许多购买都伴随着一定的风险和不确定性，由于消费者无法完全确认各种属性和购买后果，因此会感到不安。有人将消费者的知觉风险分为六类：①经济性风险，即担心金钱或资产的损失；②社会性风险，即担心他人或所属群体的拒绝；③心理性风险，即担心美的追求不能满足；④机能性风险，即担心品质、性能有缺陷；⑤生理性风险，即担心使用过程中引起疾病或意外伤害；⑥时间性风险，即担心退换、修理等花费精力和时间。消费者对某种风险在多大程度上给予重视，取决于产品的种类、用途、流行性、价格以及个人的心理承受能力等因素，就服装而言，购买外出服装、高档时装等一般会有较大的知觉风险。消费者通常会采取一些措施来降低风险，如避免决策失误、向朋友收集有关信息、购买知名的品牌或熟悉的品牌、选择可靠的商店以及通过试穿来确认效果等。

5. 购后行为

消费者的满意程度，取决于消费者对服装的预期性能与穿着过程中的实际性能之间的对比。如果购买后，服装的实际性能超过预期性能（如得到很多人的肯定和欣赏），消费者就会感到很满意；如果实际性能未能达到预期的效果（如引不起别人的注意，甚至被别人否定），消费者就会不满意。介于两者之间的就是基本满意。根据这一"预期满意理论"，服装企业在对其产品的宣传广告中必须实事求是，符合产品的实际性能，以便使消费者得到满意，或者在宣传中故意留有余地，以增加消费者购后的满意感。

随着人民生活水平的提高，审美观念的改变，人们对服装的需求呈现出多样化的趋势，这种趋势导致了服饰流行周期的缩短。对服装企业来说，应该及时掌握消费者对服装的不同需求，吸收他们提出的不同意见，既快又优地生产出符合消费者需求的服饰，正确把握和引导消费，在"顾客满意，企业盈利"的双赢游戏中促进企业的发展。

四、影响服装消费者行为的因素

消费者的购买行为受收入水平、地理区域以及社会发展水平等多种客观条件的影响，并与个体的年龄层次、教育程度、消费目的等因素密切相关。消费者的差异就表现在服饰消费的千差万别上。

研究影响消费者购买行为因素，对服装企业开展有效的市场营销活动至关重要。影响消费者购买行为的非经济因素主要有内外两个方面：外部因素主要有消费者所处的文化环境、所在的社会阶层、所接触的各种社会团体以及在这些社会团体中的角色和地位等；内部因素则是指消费者的个人因素和心理因素，个人因素包括消费者的性别、年龄、职业、教育、个性、经历与生活方式等，心理因素包括购买动机、对外界刺激的反应方式以及态度与信念等。这些因素不仅在某种程度上决定着消费者的决策行为，而且对外部环境与营销刺激的影响也起着放大或抑制作用。影响消费决策的因素有许多，其主要因素可总结为四点，分别是文化因素、社会因素、心理因素及个人因素。

1. 文化因素

文化因素对消费者的行为决策具有最广泛和最深远的影响，文化是人类欲望和行为最基本的决定因素。其对服装消费行为的影响具有以下特征。

（1）明显的区域属性。生活在不同地理区域的人们的文化特征会有较大的差异，这是因为文化本身也是一定的生产方式和生活方式的产物。同一区域的人们具有基本相同的生产方式和生活方式，能进行较为频繁的相互交流，因此能形成基本相同的文化特征。而不同区域的人们由于生产与生活方式的差异，交流的机会比较少，文化特征的差异比较大。例如，西方人由于注重个人创造能力发挥，比较崇尚个人的奋斗精神，注重个人自由权的保护；而东方人由于注重集体协作力量的利用，比较讲究团队精神，注重团体利益和领导权威性的保护。通过正规的教育和社会环境的潜移默化，人们自幼就在心中形成了这种文化意识。然而，随着区域间人们交流频率的提高和交流范围的扩大，区域间的文化也会相互影响和相互交融，并可能逐步改变彼此。例如，我国自20世纪80年代实行改革开放以来，已融入了相当多的西方文化，牛仔裤、快餐等都已成为我国当代文化不可忽略的组成部分。

（2）很强的传统属性。文化的遗传性是不可忽略的。由于文化影响着教育、道德观念甚至法律等对人们的思想和行为发生深层次影响的社会因素，所以一定的文化特征能够在一定的区域范围内得到长期延续。对某一服装市场的文化背景进行分析时，一定要重视对传统文化特征的分析和研究。此外，必须注意到的是，文化的传统性会引发两种不同的社会效应：一是怀旧复古效应，利用人们对传统文化的依恋，创造出很多市场机会；二是追新求异效应，即大多数年轻人所追求的"代沟"效应。

（3）间接的影响作用。文化对人们的影响在大多数情况下是间接的，即所谓的"潜移默化"。文化往往影响人们的生活和工作环境，进而再影响人们的行为。一些企业注意到这一点，通过改变人们的生活环境来影响人们的消费习惯。

2. 社会因素

社会因素是指社会上的各种事物，包括社会制度、社会阶级、道德规范、国家法律、社会舆论、风俗习惯等。它们的存在和作用是强有力的，影响着人们对于服装购买态度的形成和改变。

其中，社会阶级是影响服装消费市场行为的重要因素。在一个社会中，社会阶层就是具有相对同质性和持久性的群体，他们是按等级排列的。同一个阶层的人，其社会地位大致相同，从事的职业相近，并凭借相似的财富和收入水平而拥有相似的生活方式和共同的生活情趣。在服装消费的过程中，不同社会阶层的消费者在服装产品的选择和使用、信息获取、购物方式、休闲活动以及储蓄的使用上都存在差异（图5-9）。

图5-9　差异消费者

（1）社交角色对消费行为决策的影响。一个人的社交角色决定其在群体中的地位，这里所指的角色就是和一定社会位置相关联的行为模式。换句话说，角色就是社会对个人职能的划分，它指出了个人在社会中的地位和在社会关系中的位置，代表了每个人的身份。身份也常用于指个人的社会地位。从事不同职业和担任不同职务的人，由于在工作环境、劳动性质以及要求的知识水平、年龄、性别、所接触的群体内其他成员等方面存在差异，因此个体的消费行为也不同。不仅在购买商品的类别、品种、质量、价格等方面有别，即使对同一商品，也会出于截然不同的购买动机和需要，而有着明显的差异。

社交行为不同、所交往的人不同、交往的方式不同，对商品的要求也不同。这点在许多消费者购买服装产品时，都反映得比较明显，可以从购买服装的品牌、数量、质量上看出来。如学生们购买服装大都选择一般品牌或者一些不知名的牌子，中老年人往往选择中档及以上的品牌服装。

社交角色决定个体生活方式这点在消费态度、消费习惯上表现得比较突出。有时并不是经济收入方面的原因。如某一职业和担任某一职务的消费者，其家庭的室内陈设、吃穿标准、接待客人的标准等往往要保持与同等角色和身份的人相似或相近。

（2）社会阶层对消费行为决策的影响。社会阶层是由具有相同或类似社会地位的社会成员组成的相对持久的群体。每个个体在社会中都会占据一定的位置，社会成员分成有序的层次或阶层。社会阶层是一种普遍存在的社会现象，导致社会阶层出现的终极原因是社会分工和财产的个人所有。通过分析消费者行为来分析社会阶层，可以了解不同阶层的消费者在购买、沟通、个人偏好等方面具有哪些独特性以及哪些行为是各社会阶层成员共有的。

决定社会阶层的因素分为三类：经济变量、社会互动变量和政治变量。经济变量包括职业、收入和教育，社会互动变量包括个人声望、社会联系和社会化，政治变量则包括权力、阶层意识和流动性。

不同社会阶层消费者的行为在很多方面存在差异，比如支出模式上的差异、休闲活动上的差异、信息接收和处理上的差异以及购物方式上的差异等。对于某些产品，社会阶层提供了一种合适的细分依据或细分基础，依据社会阶层可以制定相应的市场营销战略。具体步骤如下。首先，决定企业的产品及其消费过程在哪些方面受社会阶层的影响，然后将相关的阶层变量与产品消费联系起来。为此，除了运用相关变量对社会阶层进行分层以外，还要搜集消费者在产品使用、购买动机、产品的社会含义等方面的数据。其次，确定应以哪一社会阶层的消费者为目标市场。既要考虑不同社会阶层作为目标市场的吸引力，也要考虑服装企业自身的优势和特点。再次，根据目标消费者的需求与特点，为产品定位。最后，制定市场营销组合策略，以达到定位目的。

社会阶层是在一个社会中具有相对的同质性和持久性的群体，它们是按等级排列的，每一阶层成员具有类似的价值观、兴趣爱好和行为方式。不同社会阶层的顾客对服装购买的核心要素体现在具体的服装产品中，首先体现在产品的色彩、款式、面料、做工、版型、搭配性、实用性上，这是构成服装消费的非常主要的因素，也是满足顾客对服装功能的基本需求。

3. 心理因素

心理因素动机是一种驱使人满足需要、达到目的的内在动力，是一种升华到足够强度的需要，它能够及时引导人们去探索满足需要的目标。美国心理学家马斯洛认为，人是有欲望的动物，需要什么取决于已经有了什么，只是尚未被满足的需要才影响人的行为，已满足的需要不再是一种动因。

根据马斯洛的需求层次理论，消费者购买行为追求的是：实质利益、精神和心理利益。人们不仅注重产品给消费者带来的具体效用，更注重产品背后的企业形象和产品声誉。

图 5-10　女装时尚单品选择

现代消费者希望尝试不同的生活方式，更加着意于个性化的生活。爱美之心，人皆有之，这在现代女性身上表现得更为明显。现代消费者在购买服装商品时，多侧重于服装的外观是否时尚，比较强调美的效果，希望能保持和谐美和时代美。在现代消费意识"物质生活高档次，精神生活高格调，生活规律高节奏，文化生活高结构"的影响下，现代消费群体不断追求商品的流行趋势、新颖、奇特，消费者在选择服装时往往会受到款式、色彩、图案等因素的影响，选择最新的时尚单品（图 5-10）。

4. 个人因素

个人因素是消费者选择服装的主要因素，包括年龄、个性、身材、职业、生活方式、审美取向、社会角色与地位、家庭因素等。

（1）年龄与性别。年龄与性别是消费者最为基本的个人因素，具有较大的共性特征。了解不同年龄层次和不同性别消费者的购买特征，才能针对不同的商品和顾客制定准确的营销方案。

消费者在不同的年龄阶段对服装产品的需求与选择是不同的，往往会随着年龄的增长而改变消费需求和购买行为，而对服饰的喜好也会随之改变。例如，追求时髦的大都是年轻人，因为年轻人热情奔放，喜欢接受新事物；老年人一般比较稳健，不会轻易冲动，但相对也比较保守。又如，男性与女性在购买内容和购买方式上的差异也特别明显。购买商品时，大多数男性不挑不选，试了就买；而大多数女性则要反复挑选试穿，甚至还要讨价还价。

（2）职业。职场着装是日常的热门话题之一，作为日常通勤服装，其市场需求份额巨大。因此，消费者职业是消费者服装需求的重要因素。不同的职业在选择服装风格、色彩、款式等元素上都有明显的特点和倾向。一般情况下，例如从事行政工作的人员对服装的需求以端庄大方为主基调，不宜随意；从事创意设计工作的人员对服装的需求以风格化、个性为主，在服装的选择上他们的局限性相对其他行业要小，发挥空间很大（图5-11）；从事技术工作的人员对服装的风格追求以含蓄稳重为主，重实干、沉稳的技术族在着装上不需要过分准备，只需舒服、干净即可。

现代人出席各类场合的频率日益增多，消费者对个人形象日益关注，场景需求也成为一个不可忽视的因素。消费者往往会根据特定场合选择匹配的服装风格，结合自身情况，希望得到可以修饰身材、提高自身形象的服装搭配，以达到整体的和谐美（图5-12）。

图5-11　创意服饰搭配

图5-12　职场服装搭配

（3）生活方式。生活方式是消费者个体在成长过程中、在与社会因素的相互作用下表现出来的活动、兴趣和态度模式，集中表现在人们的活动、兴趣及思想见解方面。服装消费者也许出自同一个社会阶层，来自同一种文化、同一种职业，但却具有不同的生活方式。如有的过着"保守"的生活方式，有的过着"开放"的生活方式，有的过着"事业型"生活方式，有的过着"享受人生"的生活方式，等等。这些不同的生活方式对消费需求具有深刻的影响。所以企业要了解服装消费者的生活方式，适应服装消费者的需求，或增强本企业服装产品对消费者生活方式的影响。

（4）个性。个性是指决定和折射个体如何对环境做出反应的内在心理特征，包括使某一个体与其他个体相区别的具体品性、特质、行为方式等多个方面。不同的消费者有不同的性格特征，这些特征体现在各自的服装购买消费活动中从而形成千差万别的消费心理。例如开放型的女性追求时尚，经常关注时尚杂志或影视媒体，她们往往会是流行服装的最先穿着者；喜欢户外运动的消费者对舒适轻便的休闲装、运动装有特别大的爱好。消费者会选择与自我概念相一致的产品和服务，避免选择与其自我概念相抵触的产品与服务。法国哲学家让·鲍德里亚（Jean Baudrillard）认为：由于消费的符号化和象征化，现代社会的消费传播正越来越体现"差异化"的特点，即追求个性化和与众不同所谓"风格传播"的特点越来越突出（图5-13）。

图5-13　追求个性的服装

第六章
服装市场营销产品策划

服装产品作为营销活动中的主角与媒介，是生产者和消费者双方实现交换的目标，也是服装市场营销诸因素中最重要的因素。消费者的需要必须通过对各种服装产品或各项服务的消费来满足，服装企业只有提供满足顾客需要的服装产品和服务并令消费者满意，才能实现获取利润的目标。所以认真研究并制定有效的服装产品策略是企业生存发展的根本所在。

第一节 服装产品相关概念

服装在人类社会发展的过程中一直是必要消费品，也是人类文化的重要组成部分，服装产品正在随着社会历史的进步和生产力水平的提高，不断发展和变化。围绕服装产品进行的营销与策划方式也在不断丰富，呈现出流行化与多样化。

一、服装产品的概念

产品是企业经过生产过程而产生的有形物品，用以满足消费者的需求和欲望。服装产品除了服装实体之外，还包括服装的品牌、款式、花色、服务等。市场营销学认为，广义的产品是指人们通过购买而获得的能够满足某种需求和欲望的物品的总和，既包括具有物质形态的产品实体，又包括非物质形态的利益，这就是"产品的整体概念"。

1. 服装产品定义

服装产品一般指的是具有某种使用价值的实体，例如衬衫、连衣裙、西装等具有一定的形状，并且各自具有不同的使用价值，能满足消费者对某一物质内容的消费需要。

物质产品包括实体及其品质、特色、式样、品牌、包装、商标，即产品实体和产品外观，是可以触摸的有形产品，能满足消费者对产品使用价值的需求。非物质形态的服务，包括不提供物质产品而能使需求得到满足的劳务和各种服务以及能够给消费者带来心理上的满足感和信任感的产品形象等。任何一个想要在市场中取胜的企业都必须首先树立产品的整体概念。

服装产品是服装企业经营活动的主体，而产品的概念不局限于我们通常在商店中看到的实物。服装产品是一个整体的概念，是文化的外延，是时代精神的反映。服装行业经营者对服装产品内涵及外延的正确把握非常重要，是决定能否经营成功的关键。每一个成功的品牌服装企业都应该拥有自己独特的服装产品来满足目标顾客的消费需求。

服装产品具有产品的一切基本属性，但由于其包含的文化特殊性，服装产品会根据消费者的生理、心理等层次需求有着更为细致的分类。产品整体分类包含三个层次：核心产品、形式产品和附加产品。

（1）核心产品。核心产品是消费者购买产品时所追求的具有实际效用的产品，其功能性可

图 6-1　女款休闲西装设计

以为消费者带来利益、满足核心需求，是消费者真正需要的必需品，也是产品中最基本、最重要的类型。

这是产品整体概念中最基本的层次，它表现的是顾客需求的中心内容，即产品为顾客所提供的最基本的效用和利益。消费者选择购买某休闲装，其实购买的是舒适随意的穿着，购买的是流行与时尚，还是核心产品所满足的内容。服装企业生产产品，首先要明确这种服装能为消费者提供什么样的实际利益，从这一点出发，再去寻找实际利益得以实现的具体产品——形式产品（图6-1）。

（2）形式产品。形式产品是直接提供给消费者的产品形态或外在质量，包括产品的外包装、特色和品质等因素。这是消费者对某一特定需求的满足形式，核心产品的具体实现形式。它向人们展示的是核心产品的外部特征，由服装的品牌、规格、质量、款式等因素确定的具体形式，即产品本身。

（3）附加产品。附加产品是消费者购买产品形体所获得的全部附加服务和利益，给消费者以更大的满足。它泛指产品知识、免费送货、保养、投诉等售前、售后服务，来源于人们对市场需求认识的深化。

附加产品又称延伸产品，包括消费者在购买形式产品中或使用形式产品以外所获得的服务和利益。例如，购买的牛仔裤可免费修改裤长，在商场购买男士西裤可免费缲裤边等。产品的延伸内容使得营销人员必须正视整体的消费体系，其包括一个产品的购买者使用该产品的方法及整个过程。通过这种形式，营销者能发现增加产品附加价值的更多机会，有效地与其他厂家进行竞争。

2. 服装产品的实质

服装产品是指人们为满足穿着、审美欲望的需要而提供给市场的一切东西。它包括有形的物品（如西服、领带）、服务（如产品咨询、保养、洗涤说明）、人员（如著名服装设计师、服装技师）、组织（如纺织部、服装协会）、地点（如巴黎、东京）和观念构思（如流行趋势预测、服装设计概念）等。

服装产品的整体化表现了以满足消费者需求为中心衡量某一产品效用价值好坏的标准，不是掌握在生产者或经营者手里，而是掌握在消费者手中。随着生产的发展和消费结构的变革，产品整体分类中三个层次之间的比重必将发生变化。也就是说，企业的产品要赢得消费者的好评，除了生产适销对路、质优价廉的产品，更重要在于满足消费者需求及提供优质的服务。

二、服装产品的分类

在长期生产和生活实践的过程中，服装产品已经形成了多种分类方法，不同细分方法从不同侧面反映了服装市场的特点，对服装市场营销起到一定的指导作用。下面分述几种常见的服装产品细分方法，有按形态分类、按功能分类、按生理因素分类、按季节分类、按风格分类等。

1. 按形态分类

按字母形状分，可分为 H 形、A 形、O 形、T 形、X 形、Y 形、V 形等。

按几何形状分，可分为椭圆形、圆形、长方形、正方形、三角形、梯形、球形等。

按物体形状分，可分为气球形、钟形、木栓形、磁铁形、帐篷形、陀螺形、圆桶形、篷篷形、郁金香形、喇叭形、酒瓶形等。

图 6-2 运动服饰

2. 按功能分类

可分为内衣和外衣两大类。内衣紧贴人体，起护体、保暖、塑形的作用；外衣则由于穿着场所不同，用途各异，品种类别很多，又可分为社交服、日常服、职业服、运动服（图 6-2）、家居服和舞台服等。

3. 按生理因素分类

生理因素通常包括性别和年龄因素。

（1）根据性别分类。分为男装、女装、中性服装。男性服装多采用精良、挺括的面料，具有重量感、层次感和特有的力度，主要体现男性的阳刚之气，表现刚毅、顽强、理性、宽容、豁达的男性特征。现今男士西服几乎成为国际性的社交礼服，对蓝、黑、灰色彩的突破，赋予了男性更丰富的色彩。女性服装绚丽多姿、种类繁多，其中，裙装种类尤多。连衣裙造型灵活，最能体现女性的妩媚，被称为"女装的皇后"；旗袍自然合体，将东方女性的端庄秀美表达得淋漓尽致；摆裙千变万化，无论高矮胖瘦都能传达出女性独特的风采。中性服装是指男女都可以穿着的服装，这类服装由于穿着对象广泛，市场定位较宽，也已成为服装中的一大类（图 6-3）。

图 6-3 中性服装

（2）根据年龄分类。可分为婴幼儿装、童装、青年装、中老年装。婴幼儿服装特别注重卫生性能，一般款式宽松，多用棉布、绒布、针织布制作，多选用暖色系且鲜艳、明亮的色彩，以增加童稚雅趣。童装针对步入学校生活的儿童。童装的设计非常丰富，造型属于加法设计，装饰工艺比较复杂，滚边、镶边、刺绣、印花、镶拼等各种工艺应有尽有，表达出这个时期的儿童开始有了个性，参与购买、选择服装的主动性逐步提高。青年装针对 18～28 岁的青年，这一年龄段的顾客虽然在经济上尚未完全独立，但审美意识趋于新潮，消费观较为超前，善于通过款式、色彩与搭配表现张扬的个性与独特的审美。中老年装跨度较大，普遍特点是造型简约、配色成熟，整体更实用。

图6-4　夏装设计

4. 按季节分类

按季节分类可分为夏装、春秋装、冬装。夏天的服装更趋于清爽与实用，色彩以浅色系为主，面料讲究透气、吸湿、有垂感和飘逸（图6-4）。春秋天给人以活力、成熟、温和之感，人们挑选服装时更注重季节美带给人们的新鲜感，突出季节给人的独特印象。寒冷的冬天，大地的色彩趋于单调，人们需要用色彩来调节压抑的心情与寒冷的感觉。因此，市场上的羽绒服、滑雪服、大衣、外套部分会采用鲜艳的色彩。冬天的穿着并非越厚越好，合理的厚度、重量会使着装产生最佳的效果。

5. 按风格分类

服装风格指一个时代、一个民族、一个流派或一个人的服装在形式和内容方面所显现的价值取向、内在品格和艺术特色，主要包括三个方面的内容：一是时代特色、社会面貌及民族传统；二是材料、技术的最新特点和它们审美的可能性；三是服装的功能性与艺术性的结合。服装款式千变万化，形成了许多不同的风格，有的具有历史渊源，有的具有地域渊源，有的具有文化渊源，适合不同的穿着场所、穿着群体和穿着方式，展现不同的个性魅力。常见的服装风格包括休闲、淑女、韩版、民族、波希米亚、街头、田园等。

第二节　服装产品生命周期

产品生命周期是市场营销中的一个重要概念，它提供了了解产品竞争能力的视角。同时，如果这个概念使用不当，也会起误导作用。产品生命周期概念刻画出产品各个阶段的主要营销特性，并提出相应的企业应该实行的主要营销方法。

一、服装产品生命周期的概念

产品生命周期（Product Life Cycle，PLC）是指产品的市场寿命，即一种新产品从开始进入市场到被市场淘汰的整个过程。

产品生命周期是新产品研制成功后，从投入市场开始到被市场淘汰为止的一段时间。也是产品的经济寿命，包括产品从开发、上市、在市场上由弱到强，又从盛到衰，直到退出市场所经历的市场生命循环过程。决定和影响市场生命的主要因素是社会的需求状况和新技术、新产品的发展情况。服装产品如同生命现象一样，也有一个从产生到消失的周期。服装产品的生命周期又称为服装产品市场的寿命周期，它是指一种（或一个系列的）服装产品从计划、设计、研制、生产、包装、储运、投入市场开始销售，到试销、推销、倾销，直到最后被淘汰出市场所经历的一段时间。确定和影响服装产品寿命的主要因素有市场需求和新产品对旧产品的冲击等。

二、服装产品生命周期的划分

根据产品开发及上市销售的情况，可以把服装产品的生命周期大体划分为孕育期、准备期、投入期、成长期、成熟期、衰退期、回升期、消亡期等几个阶段。在服装产品生命周期的各个阶段，企业具有不同的管理特点。

1. 孕育期

孕育期是指设计人员及开发人员通过对以往市场进行大量调研来构思未来替代产品的计划时期。孕育期的长短与企业经营情况有关。开辟国外市场时，设计师至少需要提前半年开始调研目标市场。国内市场进行批量生产时，也需要提前三个月计划。在这一时期，设计师通过生活体验，开发人员通过预测和判断，要产生初步的构思方案，并通过企业内有关部门的"会诊"。一般情况下，企业的规模越大，对这一时期的重视程度就越高。

2. 准备期

当初步方案通过精心测算以后，就要开始服装生产前的技术准备工作，尤其是一些主要的文案工作，如原材料计划、生产计划、样品制作、工艺文件的制定等，甚至包括小量的试生产和试销售。这种战略叫作试探性切入市场的战略。

3. 投入期

新产品的款式结构确定下来以后，其就要被投入市场。一般情况下，这一阶段的产品设计还没有完全定型，工艺可能还不成熟，生产批量仍然不大。所以，单件服装的成本仍然较高。另外，在这一时期，用户对产品还不甚了解。在销售方面，销售量缓慢增长并呈现不稳定的状态。产品处在这一时期时，不仅利润较低，而且风险较大。因此，企业需要密切关注市场，及时采取措施，解决技术难题，调整设计的具体细节方案。同时，还要研究市场策略问题。

4. 成长期

服装产品由试制试销开始转向大批量生产并进入服装市场，销售量迅速增长，产品步入市场的成长期。在成长期，消费者开始对产品有所了解和接受。由于生产批量大，工艺也趋于成熟，所以生产成本和销售成本都大大下降。这时企业决策的要点是保证质量和信誉，同时要研究制定相应的同类产品或模仿产品的竞争对策，保持销售的持续增长，最大限度地延长成长期。成长期是企业需要保持头脑清醒和警觉的时期，否则将会出现"大意失荆州"的被动局面。

5. 成熟期

当某系列的服装产品在市场上已被广泛认识和接受之后，销售量通过稳步增长达到最高阶段，产品进入市场的成熟期。在这一时期，产品生产及工艺更加成熟，成本进一步下落，但竞争却更为激烈，市场已基本趋于饱和。在成熟期的后期，产品销售量开始下降。这时需要企业及时果断地采取应急性战略，如降价倾销策略、移地销售策略等，尽可能地延长本企业产品的成熟期。另外，本企业产品可能在某地区进入成熟期的后期，但在另一地区可能处于成长期，这样对于企业生产来说，仍然是处在生产和销售的成长期。

6. 衰退期

衰退期是指上市产品已开始老化，流行即将过去，造型风格已不能适应消费者求新求异的心理需求。销售量由缓慢下降转为急剧下降，已有新的流行产品进入市场。这一阶段，在新产品的冲击下，老产品多靠降价来维持生存。销售量可能下降不大，但销售利润却下降。因此，企业要加强财务核算，密切关注亏损的可能性，适时放弃老产品。事实上，当一种款式进入成熟期时，由开发部门设计的新款系列已经开始运作，新一轮的产品生命周期已经开始，即流行是"一波未平一波又起"。

7. 回升期

如果产品库存还比较大，虽然生产已经放弃，但销售是不能放弃的，必须把这批"积压品"彻底变成可以用于流动的资金。利用服装流行的"时空差"，采取移地销售，不失为一种好的方法。也可以加强广告攻势、提高销售现场的服务水平、调整价格策略、利用某些销售时机等，使某一产品"起死回生"。从生产的角度看，对于服装来说，很难由一种风格永领风骚。所以，企业应把重点放在新款式的开发上。但从市场的角度来看，某些定型的服装造型风格是相对稳定的，只是在面料、色彩和细节上表现流行性，如西装、衬衫、针织运动衣等。定型款式与时尚款式有着不同的周期模式。

8. 消亡期

一种服装产品从产生开始即向消亡迈进，这是一种生态规律。服装产品在完成一个完整的生产周期之后，企业要及时总结经验，不断完善管理，使企业在新一轮的竞争中提升市场竞争力。

三、服装产品生命周期策略

由于产品生命周期各阶段具有不同的特征，因此，企业可以针对不同阶段的产品，有的放矢地实施市场营销策略，以保证获得较好的经济效益。下面将对各阶段的市场营销策略进行分析。

1. 投入期的营销策略

企业的某种新产品上市即意味着投入期开始了。在这一时期，销售的增长往往比较缓慢，生产批量小，试制费用高，广告和其他营销费用开支大，企业一般没有什么利润，因此投入期的营销策略重在一个"短"字，即以最短的时间迅速进入市场和占领市场，为成长期打好基础。缩短投入期的主要途径是对产品质量、价格、促销及分销渠道四个营销因素加以适当的组合，以尽可能避免发生不必要的费用。如果只考虑价格和促销两个因素时，企业经营者就可以在如下四个营销组合策略中加以选择。

（1）迅速撇油策略。迅速撇油策略是指以高价格和高促销费用推出新的服装产品的策略。企业为了迅速弥补产品的研制费用和小批量生产的高成本，以尽快收回投资，而在产品投入期把其价格定得比成本高得多。同时配以大额的促销费用，广泛宣传新产品的优点，以推进销售量的增长。高价高促销易于使消费者产生"优质优价"的感觉，便于提高产品的知名度，迅速打开市场。另外，高价位可使企业在投入期获得较高利润，然后企业再将价格降低，便于与后进入的同行竞争。企业采取这种策略需具备的条件是：潜在市场上的大部分人还不知道该产品，而了解该产品的人急于购买，并愿意按照卖主的定价付款；市场上无替代品或该产品有明显优于同类产品的特点。

（2）缓慢撇油策略。缓慢撇油策略是指以高价格和低促销费用推出新的服装产品的策略。企业运用这种策略可以节省销售成本，赚取更多的利润。一般来说，企业采取这种策略需具备以下条件：市场容量小，竞争者的潜在威胁不大；市场上的消费者已经了解该产品，并愿意支付高价来购买。

（3）迅速渗透策略。迅速渗透策略是指以低价格和高促销推出新的服装产品的策略。这种策略价格低、销售费用高，企业的利润微薄，甚至亏损，但显著的作用是能以最快的速度取得尽可能高的市场占有率。企业采取这种策略需具有的条件是：市场规模大，并有强大的潜在竞争力量，大部分顾客对价格反应敏感。

（4）缓慢渗透策略。缓慢渗透策略是指以低价格和低促销费用推出新的服装产品的策略。低价格使产品易被消费者接受，同时低促销可尽可能降低成本，实现较多的利润。企业采取这种策略需具备的条件是：市场容量大，消费者对服装产品熟悉但对价格反应敏感。采取该策略还应密切重视潜在竞争者，否则会被竞争者抢先占领市场。

2. 成长期的营销策略

经过投入期，产品已被消费者所接受，产品设计和工艺基本定型，企业投入大批量生产，单位成本降低，销售量和利润都迅速增加。因此，这一阶段的营销策略应突出一个"快"字，尽快抓住市场机会，迅速扩大服装产品的生产能力，快速取得最大的经济效益。但这一时期的竞争加剧，企业必须克服盲目乐观的情绪，制定相应的策略，保持自己的竞争优势。这一时期企业有以下几种营销策略可供选择。

（1）提高产品品质。企业通过技术上的改进，进一步提高服装产品质量，增加新的性能、花色、品种和款式，改进包装，增强产品的市场竞争能力，满足顾客更广泛的需求，吸引更多的顾客。

（2）树立产品形象。服装产品在投入期广告宣传的重点是介绍产品，使消费者或用户知晓产品，而在成长期广告宣传应转移到树立产品形象上，从而增强消费者对本企业产品的信赖程度。具体方法是，着重介绍本企业产品的特点、性能和功效，培养消费者的品牌偏好；加大宣传品牌和商标，树立企业和产品的良好市场形象。

（3）开辟新市场。结合投入期市场销售情况，通过市场细分，找到新的尚未满足的细分市场，做好充分的准备工作。一旦时机成熟，迅速进入新的市场。

（4）调整产品价格。服装产品的大批量生产和销售，可以使成本降低。企业可以选择适当时机，灵活采取降价策略，既可以吸引那些对价格敏感的消费者购买产品，又可以阻止竞争对手进入，提高竞争力。

（5）拓宽销售渠道。企业可以适当扩大销售网点，方便顾客购买。

值得注意的是，企业在努力做好销售工作、积极开拓市场的同时，必须考虑到企业的生产能力问题。因为如果企业的生产能力跟不上，较多的促销工作反而会使产品满足不了需求，从而导致仿制品和替代品，甚至假冒产品大量涌现，加大企业竞争的难度。

3. 成熟期的营销策略

服装产品进入成熟期，就意味着进入了产品生命周期的黄金时代。在这一阶段，产品的销售量达到顶峰，给企业带来了巨额利润。但产品在成熟期的市场需求量趋于饱和，产品销售量虽然仍有增长，但增长率呈递减趋势。而且市场竞争十分激烈，企业的促销费用大幅度增加，不但影响当前的利润，还有可能造成损失。因此，这一时期的营销策略要突出一个"长"字，制定和运用合适的产品战略以延长此阶段的时间，获得更多的利润。在这一阶段，企业可以采用的策略如下。

（1）市场改进策略。其目的是巩固老顾客，尽可能赢得新顾客，开拓新市场，提高产品的销售量。这种策略不是改变产品本身，而是发现产品的新用途或改变推销方式等，以使产品的销售量扩大。这种策略的实现方式有以下几种。第一，寻找新的细分市场，使产品进入尚未使用本产品的市场。第二，刺激现有顾客，提高产品使用频率。第三，发展产品的新用途，即不改变产品的特性、质量、功能而发展的新用途。产品用途增加，消费者购买产品的数量就会大大增加。如运动员服装由原来只限于运动员穿着，通过重新定位，进入青少年市场，从而使销售量大增。

（2）产品改进策略。是指服装产品通过在性能、质量、功能等方面适当改进，重新推向市场，吸引更多的消费者。具体的产品改进策略有以下几种。

① 品质改进。主要侧重于增加产品的功能、效用，如可靠性、耐用性等，使其相关功能更好、更强。

② 性能改进。给产品增加新的特性，如大小、重量、附加特性等，以扩大产品的多方面适应性，使产品更方便使用。

③ 款式改进。这主要是满足消费者对产品美学的要求，使产品有独特的个性，有较高的美学欣赏价值。

④ 服务改进。对许多耐用消费品和工业品来说，增加附加服务会大大促进消费者的购买。服务工作可以从提高交货速度、增加技术服务、放宽信贷条件等方面加以改进。

（3）市场营销组合改进策略。主要目的是通过营销组合中某一个要素或若干要素的改进来延长产品的成熟期，使企业获得更多的利润。常见的策略有：在产品品质不变的情况下，降低价格，从竞争者手中吸引部分顾客；加强广告宣传，提高产品的市场知名度；增设销售网点，方便顾客购买；改进产品包装，吸引不同需求的顾客；增加产品的附加价值，刺激顾客的购买动机等。值得注意的是，这种改进易被竞争对手效仿，企业应根据内外部条件的改变，选择最适合企业产品特点的营销组合策略，并及时调整。

服装品牌邱昊（QIUHAO）在2021年推出"第三十一个系列"。该品牌不希望服装只有短短几个月的生命周期，认为服装其实可以拥有更长久的生命，而不是用过去的年份和季节来定义，设计不应该被具象的时间概念所束缚。品牌设计师延续了往季精准剪裁与当代审美之间的平衡，将这两者呈现出令人耳目一新的美妙关系。邱昊对于天然材料的灵活运用，源于生活方方面面的巧妙设计，并为之赋予精工细作，加上他对设计节奏的把控，自然而然地呈现于或立体硬朗或柔软顺滑的服饰之上。

4. 衰退期的营销策略

服装产品进入衰退期时，销售额和利润通常急剧下降，大量替代品进入市场，消费者对老产品的忠诚度降低。企业过大的生产能力与萎缩的市场之间的矛盾突出。因此，衰退期的营销策略突出一个"转"字，企业应尽早把资本投入新产品开发中，制定适时的营销策略，避免出现"仓促收兵"和"难于割爱"两种情形。企业在这一阶段常采用下列营销策略。

（1）集中策略。即把企业的人力、物力和财力集中在具有最大优势的细分市场上，经营规模相对缩小，以最有利的局部市场获得尽可能多的利润。在投资方面，企业可以用本企业与同行业中最大竞争对手的相对市场销售额比例来进行决策。一般来说，如果这一比例在5%以下，企业应大幅度降低投资额，采取绝对集中策略，在最大优势市场上获取尽可能大的利益；如果这一比例在5%以上，则可以采取相对集中策略，适当将投资格局向优势细分市场倾斜。

（2）持续策略。即企业继续沿用过去的营销组合策略，对原有的市场定位、销售渠道、定价、促销等维持不变，使产品继续自然衰退，直至退出市场。这是因为新老产品之间有一个交替阶段，并且还会有一些顾客有继续使用老产品的习惯。

（3）放弃策略。经过准确判断认为某种产品无法为企业带来利益时，企业决策者应放弃该种产品，而把早已研制成功的新产品推向市场，进入一个新的产品生命周期。当然，企业的放弃策略要有计划地在新产品推出市场后进行，而且还应为原产品的忠实用户在一定期限内提供维修和售后服务，以维护企业的名誉。

综上所述，企业应根据产品生命周期不同阶段的特点，实施不同的营销策略。

第三节　服装产品组合策划

一、服装产品组合的概念

企业的产品组合包括四个因素：宽度、长度、深度和关联性。

宽度亦称广度，它说明企业经营的产品类别有多少，即有多少条产品线。增加新的产品线、扩大产品组合的宽度，即拓展企业的生产领域，可以更好地利用、发掘企业的潜在资源，提高经济效益，同时分散企业的经营风险。

长度是指产品组合中的产品项目总数。扩充或缩减产品组合的长度，即增加或减少产品的品种数量。品种越多，产品线越长，越利于满足需求的选择性；较短的产品线或产品组合，利于大批量生产和销售，避免脱销。

组合深度是指产品线中的每一产品项目有多少品种。增加产品组合的深度，可以更好地满足同类产品不同消费者的需求，稳固现有市场。

产品组合的关联性（亦称密度）是指各条产品线在最终用途、生产条件、销售渠道或其他方面相互关联的程度。产品线的关联性可根据市场营销人员提供的信息进行评估，以决定哪些产品需要发展、维持、收缩或撤销。

产品组合的四种尺度，为公司确定产品战略提供了依据。在市场经济的浪潮中，我们要时时把握方向，对企业的产品组合进行优化调整。

服装产品组合是指服装企业生产或经营的全部产品线、产品项目的组合方式。产品线是一组密切相关的产品，它们有类似的功能，能满足顾客同质的需求，只是在规格、档次、款式等方面有所不同。产品线又由若干产品项目组成，每一产品系列是一条产品线；产品项目构成产品线，产品项目即那些品牌、规格或价格档次有所不同的单个品种。

二、服装产品组合策略

企业在进行服装产品组合时涉及三个层次的问题需要做出抉择：是否增加、修改或剔除产品项目；是否扩展、填充和删除产品线；哪些产品线需要增设、加强、简化或淘汰。以此来确定最佳的产品组合。三个层次问题的抉择应该遵循既有利于促进销售又有利于增加企业的总利润这个基本原则。

服装产品组合的四个因素和企业促进销售、增加利润有密切的联系。一般来说，拓宽、增加产品线有利于发挥企业的潜力、开拓新的市场；延长或加深产品线可以满足更多的消费者需求；加强产品线之间的关联性，可以增强企业的市场地位，使企业发挥和提高在有关专业上的能力。服装产品组合策略就是调整服装产品及产品线的策略，具体分述如下。

1. 扩大产品组合策略

扩大产品组合策略包括开拓产品组合的广度和加强产品组合的深度。开拓广度即增加其产品线；加强深度则在原有产品线中增加新的产品项目，扩展经营范围，生产经营更多的产品以满足市场需要。此外，企业还可能发展与原有产品线相关或无关联的产品。

扩大产品组合可以使企业充分利用人、财、物资源，利用剩余生产能力，降低成本，增加企业竞争力，同时，还可以减少季节性和市场需求的波动，分散企业经营的风险，增强经营的稳定性。

2. 缩减产品组合策略

企业应用本策略取消一些产品系列或产品项目，集中力量实行高度专业化，试图从生产经营较少的产品获得更多的利润。这一策略名牌服装只在一些特殊的情况下才偶尔采用。

例如驰名世界的李维斯（Levi's）公司最著名的产品是牛仔裤（图6-5），在此基础上，后来发展了高档运动装产品系列，不久企业便由于竞争激烈等多方面因素进入困境，连牛仔裤也大失市场。20世纪80年代，为了恢复其原有的竞争优势，公司果断地缩减为只生产李维斯501牛仔裤单一产品，树立了李维斯501牛仔裤在牛仔王国的地位。

图6-5　李维斯牛仔系列产品

3. 改进现有产品策略

该策略是企业不增加全新的产品，而是在现有产品组合中有选择地改进已有产品，来适应新的市场或满足消费者不断变化的需求。

4. 产品线差异策略

竞争是多元化、差异化的竞争。产品差异化策略是企业提供同一种类不同类型的产品和服务，利用顾客的求知欲望心理和挑剔心理，来完成企业目标计划的一种竞争生存战略，同时也可通过产品差异化避开惨烈的市场竞争。差异化战略的优势有：有利于扩大企业的市场占有率；降低经营风险；提高企业的竞争能力等。但也存在一定局限性，各个方面的成本较高，不具有经济性。

5. 产品线延伸策略

服装公司的产品线只是该行业整个范围的一部分。如范思哲品牌在整个时装市场上处于高档产品和高价范围，后来又推出了"纬尚时"系列，超过原有范围来增加它的产品线长度，这就叫产品线延伸（图6-6）。产品线延伸可以向上延伸、向下延伸或双向延伸。

（1）向上延伸。是指定位于低档市场的企业计划进入高档产品市场的策略，也叫高档产品策略。它们也许被较高的增长率和利润率所吸引，或是为了能把自身定位成有完整产品线的企

图6-6 产品线延伸

业。这种决策有些风险,必须具备相当的技术设备和营销能力。

(2)向下延伸。是指最初定位于高档市场,然后将产品线向下延伸的策略,也叫低档产品策略。增加廉价产品项目,其目的在于利用高档名牌产品的声誉去吸引购买力较低的顾客,但要注意不要损害原有企业和名牌产品的市场形象。

(3)双向延伸。是指定位于市场中端的生产中档产品的企业同时向上下两个方向延伸其产品线的策略。如某西服公司为了进一步扩大市场份额,完善产品结构,根据市场细分化原则,进一步完善产品结构,决定拉长原男西服产品线,在原有1000～3000元中档西服的基础上向上推出5000元以上羊绒、纯麻产品和向下推出1000元以下涤毛及化纤产品,在短期内该公司产品市场占有率明显提高。

6. 产品线现代化策略

正常情况下,每个运行良好的企业的产品线长度都应是适当的,但还必须使产品线现代化。特别是劳动密集型的服装企业,如何成为智能密集型或技术密集型服装企业,成为我国加入世界贸易组织后服装业面临的首要问题。

产品线现代化策略有两种方式:快速更新和逐步更新。必须根据市场状况和企业实际选择更新产品的最佳时机,使现有产品线的销售不会因此受到不良影响,也不至于在竞争者有了较先进的设备而树立了很好很高的声誉之后,再更新产品结构,或使产品线现代化。

产品线现代化策略是企业产品策略的重大决策,也是我国服装业发展的必由之路。

第四节 服装产品品牌策划

目前服装业的竞争已进入白热化阶段,适者生存是当今服装消费市场的基本法则。国内服装业企业众多,如何调整企业经营策略和营销模式,正确应用营销手段,是服装企业冲破竞争阻力,获取竞争优势和占得市场先机的重要途径。实践表明,明确企业产品的核心价值,用产品和品牌所蕴含的文化内涵、生活方式和价值观念感染消费者，让消费者产生共鸣，才能吸引一批批忠于企业的忠诚顾客。

一、服装产品品牌的概念

品牌是一个名称、名词、标记、符号或设计，或是它们的组合。其目的是识别某个销售者或某群销售者的产品或劳务，并使之同竞争对手的产品和劳务区别开来。品牌包括品牌名称和品牌标志。品牌标志是指品牌中以符号、图案或颜色等所显示出来的部分，是一个可以被识别、辨认但不能用语言称谓的部分，也称品标。

品牌与商标并不相同。品牌是生产经营者给自己的产品所规定的商业名称，是产品的一种标志，也叫厂牌。而商标是经过政府有关部门注册的品牌，是受法律保护的品牌，有专门的使用权，具有排他性。它们都是区别商品的标志，区别就在于是否经过注册，是否得到法律保护。可以说所有的商标都是品牌，但不是所有的品牌都是商标。

品牌在本质上代表着企业对提供给市场的产品特征、利益和服务的一贯性的承诺。最佳品牌就是质量的保证，就是一系列复杂特性含义的象征。品牌的含义可分成六个层次。

① 属性。品牌首先使人想到它主要产品的某种属性。如意大利高级定制意味着工艺精湛、高雅、穿着舒适等。

② 利益。顾客购买的最后不是属性，而是由属性转化而来的利益，如西服的久洗不变形的特征可以转化成保暖耐穿的功能性利益，高雅可以转化成精神上的利益等。

③ 价值。产品名牌有其特殊价值。如加布里埃·香奈儿（Gabrielle Bonheur Chanel），蕴含着现代主义的见解，男装化的风格，简单设计之中见昂贵，成为20世纪时尚界重要人物之一。她设计的服装既赋予女性行动的自由，又不失温柔优雅。

④ 文化。如山本耀司（Yohji Yamamoto）是引领世界时装日本浪潮的设计师。他设计的服装以简洁而富有韵味、线条流畅、反时尚的设计风格而著称。他正是以一种无国界无民族差别的手法把时装创作展示在公众的面前。

⑤ 个性。如上海红帮裁缝让人自然联想到深厚的服饰工艺传统和朴实、雅致的风格。

⑥ 用户。品牌暗示了购买或使用产品的消费者类型，如中式旗袍的穿着对象是喜爱中式韵味、含蓄优雅的女性。

当我们能识别品牌的六个层次时，它就是深度品牌，否则是肤浅品牌。营销人员必须策划品牌特性的深度层次，特别是品牌的利益。品牌最持久的含义是价值、文化和个性。它们构成了品牌的实质。

在《牛津大辞典》里，品牌被解释为"用来证明所有权，作为质量的标志或其他用途"，即用以区别和证明品质。随着时间的推移，商业竞争格局以及零售业形态不断变迁，品牌承载的含义也越来越丰富，甚至形成了专门的研究领域——品牌学。

二、服装产品品牌的特征

1. 服装品牌是一种无形资产

服装品牌的内涵、个性、品质和特征产生服装品牌价值。这种价值看不见，摸不着，却能为服装品牌拥有者带来大量超额回报。

2. 服装品牌是多种元素与信息的结合体

各种元素如商标、符号、包装、价格、广告风格、文化内涵等和谐结合在一起，形成完整的概念而成为服装品牌（图6-7）。服装品牌以自身内涵的丰富性和元素的多样性而向受众传达多种信息。企业把服装品牌作为区别于其他企业产品的标识，以引起消费者和潜在消费者对自己产品的注意。从消费者角度看，服装品牌作为综合元素与信息的载体一同存储于大脑中，成为他们搜寻的线索和记忆的对象。

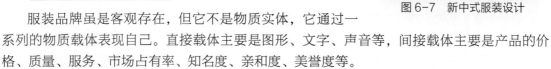

图6-7 新中式服装设计

3. 服装品牌是无形的

服装品牌虽是客观存在，但它不是物质实体，它通过一系列的物质载体表现自己。直接载体主要是图形、文字、声音等，间接载体主要是产品的价格、质量、服务、市场占有率、知名度、亲和度、美誉度等。

4. 服装品牌具有影响力

服装品牌作为多种元素与信息的载体，作为产品质量与企业信誉的象征，时刻影响受众，引起受众注意，激发消费欲望，引导消费潮流，传播消费文化，因而它具有影响力。

5. 服装品牌是企业参与市场竞争的武器

服装品牌代表着企业的形象和地位，是企业联系市场的桥梁和纽带，是企业的身份证。强势服装品牌能够在竞争中占据有利位置，为企业树立良好形象，提高市场的覆盖率和占有率，为企业赢得最大限度的利润。因此，从某种意义上说，服装品牌是企业参与市场竞争的资本、武器和法宝。在服装品牌对市场份额的切割中，巴莱多定律也适用，即20%的强势服装品牌占有80%的市场份额，20%的服装品牌企业为社会提供80%的经济贡献。

6. 服装品牌是一种承诺和保证

服装品牌的承诺和保证是在服装品牌经营中建立起来的。对消费者来说，在购买或使用某种服装品牌的产品时，服装品牌已经向他们提供了质量承诺和信誉保证。消费者的选择显示了对服装品牌的信赖。服装品牌必须提供足够的价值利益以满足消费者的需求与欲望，从而博得他们的忠诚与好感。

7. 服装品牌具有伸缩性

服装品牌的伸缩性是指服装品牌的强弱、价值、竞争力、影响力等不是一成不变的，在各种条件的作用和影响下可以发生变化。

8. 服装品牌具有专有性

不同的企业和产品有不同的服装品牌，不同的服装品牌代表不同的产品，属于不同的企业。因而，服装品牌具有专有性，不能互相通用。服装品牌属于知识产权范畴。企业可以通过法律、申请专利、在有关国家或有关部门登记注册等手段保护自己的服装品牌权益，并以良好的产品质量和在长期经营活动中形成的信誉取得社会的公认。这些都说明，服装品牌是企业独特劳动的结晶，是专有的。

三、服装产品品牌策略

1. 延伸核心品牌

利用已有的核心品牌特征，向同一个细分市场或类似细分市场推出属于同一产品领域或相似产品领域的新产品，通常称为产品线的延长。

在品牌发展中要有意识地进行品牌策划。品牌是企业文化的集合，品牌涵盖了企业的经营哲学，所以企业在品牌策划中应找准定位，一方面要诠释品牌内涵和核心价值，引起目标消费者文化共鸣。穿着中高档服装的消费群体，对于文化有着不同于低档服装产品消费群体的认知。找到消费者所关注的文化焦点，他们的生活观念和审美情趣，并将服装品牌有意识地贴近于这种文化焦点，使得消费者更容易产生文化的共鸣。另一方面要设计出能够体现消费者所关注的文化焦点和企业经营哲学的品牌名称和品牌标识。

以克里斯汀·迪奥（Christian Dior）为例，这是一位把法国高级时装业从家庭传统作业引向现代化操作的设计师。迪奥在设计时装之后，又选择了香水设计。他曾说过："对女人来说，香水是不可缺少的，它是服装的最后一道工序，就像朗克里特作画完毕用来签名的玫瑰。"其产品不仅涉及服装：高级女装、女装成衣、童装，还有各类服饰、装饰品，如手套、鞋、礼品、提包、珠宝、台布等；更有化妆品系列，包括 Hydra Life 美容护肤品、Capture Totale 美容品、Poison 香水、Dune 香水、Dioring 香水、Diorella 香水、Eau Sauvage 男士香水等（图6-8）。

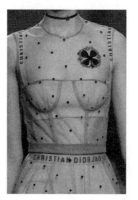

图6-8 迪奥时装、彩妆产品

2. 扩展品牌特征

扩展或调整已有的核心品牌特征，进入新的产品领域，针对现有细分市场（以获取更多的市场份额）或是渗透进入新的细分市场。

在产品策划开发过程中注入核心价值元素。产品是品牌的载体，品牌倡导和表达的文化内涵、价值观念通过产品表现。产品的用料、色彩、款式搭配、工艺结构等能够彰显出品牌内涵（图6-9）。

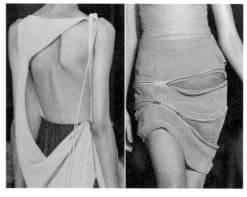

图6-9 强调人体与自然的女装设计

在服装品牌传播过程中,应着力表达产品的文化内涵。用朴素、精练的语言讲述服装所要表达的核心价值内容。善用名人效应,借助品牌创始人、设计师或符合产品特性的大众明星等具有跟品牌内涵和产品核心价值相适应的标志性特点的人进行宣传,让消费者产生直观的联想,拓宽消费者感受品牌文化和崇尚正确价值观念、追寻独特生活方式的渠道。

3. 创建新品牌

建立全新的品牌特征,进入新的产品领域,向现有的细分市场推出新产品(使用不同的经济分析模型)或是进入新的细分市场。此策略一方面可以有效地避免消极的连锁反应,在一定程度上降低市场风险;另一方面,新品牌可以在市场中造成刺激,建立新品牌的客户群。世界著名服装企业的成功经验证明,根据市场需求与企业自身的特点采用新品牌战略是企业开拓新市场、实现持续发展的重要手段之一。

4. 建立联合品牌

通过与其他品牌合作扩展已有核心品牌特征,进入新的产品领域,针对现有细分市场(以获取更多的市场份额)或是渗透进入新的细分市场。目前,国内外许多服饰品牌纷纷建立品牌联名,如巴黎时装品牌 AMI 与彪马品牌开启合作,携手将精美剪裁和创新运动服饰设计融为一体,打造独家联名系列。广告大片及合作款的创作以"幸福从你爱的人陪伴身侧开始"为灵感。此系列凭借极简的品牌风尚、中性而大胆的配色以及优质面料打造全新升级的运动服饰。AMI de Coeur 作为 AMI 推出的代表系列作品,与彪马品牌标志巧妙融合,打造出专属于此系列服饰的联名品牌标志(图 6-10)。

图 6-10　AMI de Coeur 广告片

第五节　服装产品包装策划

服装产品的包装是企业战略至关重要的一部分，它对服装品牌及产品的成长和发展起着不可低估的作用。在当代时尚圈，包装已不再仅仅停留在传统意义的保护作用上，而被赋予了全新的概念和意义。产品包装是产品的附带产品，这种附带产品同样也具有质量、技术、价值和独特魅力。

一、服装产品包装概述

包装工作是指将产品盛装于某容器或包装物之内，以便运输、陈列、销售、消费使用和保管。在现代商品经济活动中，它是产品整体概念的重要组成部分，且是强有力的营销手段——"无声的推销员"。

服装的包装往往由三个方面构成：产品主要包装、次要包装和运输包装。如西服的主要包装为衣架和立体防水防尘绸布罩，次要包装为手提纸袋，在运输过程中的立体纸箱等为运输包装。产品包装的重点不但在于保护产品、提高产品质感，更在于能吸引消费者。运输包装则以保护产品、降低运输成本及仓储方便为主。

服装产品包装有两种方法：一种是折叠包装后装箱，这种方法能充分利用空间，但服装穿着时外观效果不佳；另一种方法是立体包装，如女套装、西服、大衣等，服装工厂整烫完毕后套上衣罩，挂在专用架上，入库、运输和进店铺都采用吊挂传送及挂架陈列方式（图6-11）。立体包装能很好地保持整烫加工后的服装外观，有良好的店铺陈列效果，但在保管和运输上要有专用挂架，成本较折叠包装高。

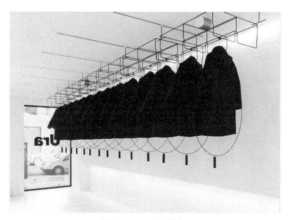

图6-11　服装架

包装有四个基本作用。一是保护商品，这是包装的最原始、最基本的功能。它能保证产品在储存、运输和销售过程中不至于损坏、散失和变质，保证产品的清洁、卫生和使用方便。二是促进销售。通过包装提高视觉效果，起到宣传广告的作用。商品包装是"无形的推销员"，它能引起消费者的兴趣，使之产生购买欲望，从而促进产品销售。另外，产品的包装还应便于消费者携带和使用，使消费者乐于购买。早些年，我国消费者购买食品、衣物或是自己带包，或是商店用纸一包完事，谈不上精美包装。而现在，百货店、服装专卖店、超市不但注重商品包装，而且还有便于携带的塑料袋、纸质手提袋供应。三是增加附加价值，如同服装设计能创造附加价值那样，精美、优良的包装可以提高商品的卖价，使消费者愿意以较高的价格购买。同时，合理的包装可起到保护商品、减少损失及增加利润的作用。四是便于销售管理，经过包装的产品，便于运输、储存和点检，有利于仓储作业、货架排列、节约仓容、保护商品（图6-12）。当包装上印有条形码时，能迅速方便地显示商品价格、品种、销售时间等参数，有利于销售管理。

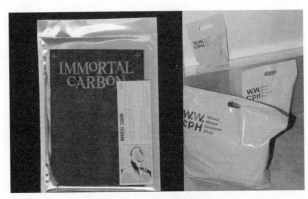

图6-12　服装包装设计

包装可以按不同的标准进行分类，主要有以下几种。

1. 按包装所处的层次分类

（1）内包装。内包装是最贴近产品的直接包装，主要是加强对商品的保护，便于再组装，同时也是为了分发、销售商品时便于计算。服装的内包装多以件或套为单位进行计算，可以是单件，也可以是5件、10件或一打组成一个整体。

（2）外包装。外包装是用于保护内包装的第二层次包装，外包装也叫运输包装或大包装，是指在商品的销售包装或内包装外面再增加一层包装，一般在产品使用后被丢弃，其作用主要是保障商品在流通过程中的安全，有利于装卸、运输、储存和保管。

2. 按包装用途分类

（1）销售包装。销售包装是以销售为主要目的的包装，它起着直接保护商品的作用，并且包装设计精良可以吸引消费者，包装上印有商标、说明、生产单位等，具有美化产品、宣传产品、指导消费的作用。

（2）工业包装。工业包装是用性能好的保护性材料（如纸盒、木板、泡沫、塑料等）进行大体积的包装，注重包装的牢固性以方便运输，不需讲究外观设计。

（3）特种包装。特种包装是指对包装材料有特殊的要求，需由发货和接收单位共同商定，并有专门文件加以说明。

3. 按包装营销方式分类

（1）相似包装。在服装企业生产的各种产品或某类产品上，采用相同的图案、色彩或其他共同特征，以提醒顾客这是同一企业或品牌的产品，这种方式具有与统一品牌策略相似的好处，常与统一品牌策略结合使用。与这种做法相对的是不同包装策略，即不同产品采用不同包装。

（2）组合包装。采用这种做法的企业，常把相关用途的产品纳入同一容器或包装盒内，同时出售。例如，童装企业把婴幼儿的服装和各种用品通过巧妙设计放置在一个包装盒内，不仅提高了价格，而且颇受顾客欢迎，与组合包装相对的是个别包装。

（3）附赠品包装。这是较为流行的包装策略，即在包装内放入给顾客的赠品或奖券。例如，在童装包装中放入玩具，在化妆品包装中放入装饰品等。

二、服装产品包装设计与作用

1. 服装产品包装的设计要点

（1）包装的形状和大小。服装既不是刚性固体，也不是液体，因此包装的形状和大小设计伸缩余地较大。包装的形状和大小要与商品体积相容，设计要起到美化商品的作用，对消费者有吸引力，方便运输、搬运和携带等。例如有的企业把内衣裤用抽真空紧压方式做成扁形蛋糕状、肥皂状，很有吸引力。

（2）包装构造。要突出产品的特点，同时也要具有鲜明的包装特色，使包装美和内在的性能统一起来，给消费者留下深刻的印象。

（3）包装材料。服装产品主要采用透明度高的塑料纸包装，这对陈列、选购和储存都是很方便的。

（4）装潢。是指对产品的包装进行装饰和艺术造型。

由于服装产品呈现多样化，消费者不仅讲究质量，还注意包装造型和装潢。现代服装商品不仅能遮体保暖，更主要的是能表现个人的审美、爱好及身份。服装商品的包装装潢今后更应重视美学法则的设计和应用，以突出个性品位。同时也要与品牌协调，以突出企业形象。

当然，包装装潢应与产品内在质量特征相符，若"金玉其外，败絮其中"，势必损害企业的形象和信誉，更谈不上创立良好品牌形象。

2. 服装产品包装的作用

服装包装策划以吸引消费者注意力、刺激其购买为前提。具体来说，服装产品包装的作用表现在以下几个方面。

（1）保护服装产品。服装产品包装首先要保护服装产品质量，保持服装产品数量。服装产品在从出厂到消费者的整个流通过程中，都必须进行运输和储存，即使到了消费者手中，从开始使用到使用完毕，也还有存放的问题。服装产品在运输中会遇到挤压、碰撞、冲击以及风吹、日晒、雨淋等损害；在储存时也会受到温度、湿度的影响和虫蛀、鼠咬、尘埃损害、污染等。服装产品在包装时要根据服装产品的不同性质和特点，选用合适的包装材料和包装技术。

合理的包装能保护服装产品在流通过程中不受自然环境和外力的影响，从而保护服装产品的使用价值，使服装产品实体不致损坏、散失、变质和变形。

（2）便于消费者识别服装产品。包装可以帮助消费者认识本企业产品，并与其他同类产品相区别。服装产品的包装一般都有相对固定的材料、色彩以显示其独特性，并以图案、文字显示包装物内所装产品的种类、规模、型号、式样以及商品的性能、特点、使用方法等内容。服装产品包装策划者，往往使产品包装在一段时间内固定下来，以便于消费者识别。一般来说，消费者可以通过对产品包装的感知、认识和记忆，了解厂商、商品规模、款式等，在日后的购买活动中，只要接触到该包装物，就可以分辨出不同厂家生产的不同种类的服装产品。这种指示功能不仅可以指示购买者，而且还可以起到广告宣传的作用。

（3）便于运输保管与陈列。销售包装一般要排列组合成运输包装，才能适应运输和储存的需要。包装对小件产品起着集中的作用，包装袋或包装纸上的有关产品的鲜明标记，便于装卸、搬运和堆码，利于简化产品的交接手续，从而使工作效率明显提高。销售包装的造型结构，既要便于陈列摆放，又要便于消费者识别和选购，如采用透明包装和"开窗"包装等。

（4）便于使用。适当的包装还可以起到便于使用和指导消费的作用。包装上的使用说明、注意事项等，对消费者使用、保养、保存产品具有重要的指导意义。为了方便消费者和满足购买者的不同需要，包装的容量和形状应当多种多样。为适应消费者的不同需要，可以采用单件包装、多件包装和配套包装。此外，还要注意尽量采用可供重复使用和再生的包装器材，以便于处理废弃包装和充分利用包装材料。

（5）促进销售，增加盈利。精美独特的包装不仅可以防止被仿制、假冒和伪造，而且可以保持企业的信誉，提高产品的竞争能力，形成与竞争者之间的产品差别。在销售现场，包装是货架上的广告。有时，同种产品的包装有所改进，可以使一项旧产品给人带来一种新的印象和感觉。包装能够有效地帮助产品上市行销，维持或扩大市场占有率。例如，原来的内衣用塑料包装，比较平淡，没有特色。现在用纸质长方矩形包装，盒面印有品牌的广告内容，独特精致，具有一定的特色，成为较好的礼品包装。

（6）使消费者产生信任和联想。消费者在购买时，尽管不是仅凭商品的包装来购买，但是毫无疑问，好的商品包装能够增加消费者对商品的信任。好的商品包装不仅要比较真实地反映商品的性质和用途，而且还要间接地反映商品的潜在效果，引发消费者的种种联想，激发其购买兴趣，坚定其购买信心。如儿童服装的包装一般具有可爱的形状、鲜艳的色泽、有趣的图案，使消费者很容易根据这些包装外观形象去联想商品的质量和舒适度以及穿用之后的满足感。

三、服装产品包装策略

服装产品的包装策略是营销策略的缩影。一个设计良好的包装，以一种实物化的形式体现着一个品牌的设计理念和营销策略。品牌与企业的目标市场、目标客群定位、产品价格和分销策略都在包装上有所体现。如果企业的目标市场是收入较低的消费者，那么包装宜朴实，不宜过分华丽，否则目标顾客不敢问津；如果产品要树立一个高质量的轻奢形象，包装也必须是相匹配的，具有高技术含量，表现形式上要做到新颖独特、与众不同、高端轻奢。防止由于包装效果欠佳，在后期运输、销售过程中产品受到损耗或产品质量受到影响。

1. 组合包装策略

企业根据消费者的购买和消费习惯，将多种使用上相互关联的产品纳入同一包装容器内。这种包装不仅可以方便消费者购买和使用，而且有利于带动多种产品销售，特别有利于新产品的推销。如化妆品的组合包装、节日礼品盒包装等，都属于这种包装方法。

2. 相似包装策略

企业生产的各类产品，在包装外形上采用相同的图案、近似的色彩、同一特征，使顾客认识到这是同一企业的产品。在产品中突出厂牌、商标有助于减轻购买者对产品质量的怀疑心理。特别是有一定知名度的企业，这样做对产品和企业的宣传一举两得。这种包装策略有利于推销、增强企业的声望，节省包装的设计制作费用，还有利于消除和减少消费者对新产品的不信任感，为迅速打开销路创造条件。

3. 差异包装策略

企业根据不同的消费者层生产不同等级、不同档次的产品。包装是整体产品的外形，必须同服装产品的质量与价值相适应，对高档优质的产品采用优质包装，一般产品采用普通包装，才能恰如其分地烘托产品内在质量，有效地树立企业形象和促进销售。

4. 环保包装策略

环保包装策略又叫绿色包装策略。指包装材料可重复使用或可再生、再循环，包装废物容易处理或对环境影响无害化（图6-13）。当代企业营销观念，在经历了生产观念、产品观念、推销观念、市场观念和社会观念几个阶段的发展后，在20世纪90年代已定位于环保营销。随着环境保护浪潮的冲击，消费者的环保意识日益增强，伴随环保技术、环保产业、环保消费而产生的环保营销，已经成为当今企业营销的新趋势。与环保营销相适应的环保包装已成为当今世界包装发展的潮流，因为实施环保包装策略，有利于环境保护和与国际包装接轨，易于被消费者认同，从而产生促销作用。

图6-13 可降解的牛皮纸包装设计

5. 创新包装策略

产品包装上的改变，正如产品本身的改变一样，对于拓展市场具有同样重要的意义。创新包装，一是通过改进劣势产品的包装，二是通过改进、创新畅销产品的包装，给产品带来新意。科学技术的日益发展，新工艺、新技术和新的包装材料必然要取代旧的包装工艺和材料，为企业新产品开拓市场创造条件。

企业要想使产品一直保持畅销的势头，除了产品本身改进外，不断地改进包装也是一种很好的办法。改进包装就是要把差的改好，好的改得更加新颖，让消费者觉得这个企业的产品在不断翻新，在不断地创新换代，感到企业有活力，从而增强其对企业和产品的信任和信心，进而促进销售、繁荣市场。

第六节　服装新产品开发策划

服装品牌与企业在制定和开发营销策略时，需要根据市场环境，结合企业自身的实力，根据各种客观和主观因素，拟订出适应市场的营销策略和方案，并在运行中确立重点营销策略，灵活机动，才能取得最大的经济效益和社会效益，达到企业在市场竞争中取胜的目的。

企业生存和发展的关键在于不断开发服装新产品，不断开拓新市场。在激烈的市场竞争中，在服装工艺技术、服装面料日新月异的时代，一个企业如果不积极发展新产品，就没有能力适应环境的变化，就不可能在竞争中取得优势。

一、服装新产品的概念

服装市场营销体系中新产品的概念，并不仅仅指未出现过的新概念、新产品，或者在某一科技、学术领域内有重大突破的新品，如创意类服装设计大奖赛的获奖作品等，它倾向于从公司生产和销售的角度确认的新产品，是指那些在产品整个概念中任何一部分有所创新和变革的产品。新产品有以下六种类型。

（1）新问世产品。开创全新市场的新产品，运用新设计、新技术、新材料制造的服装产品，它是由于科技进步，理念更新，为满足一种崭新的需求而发明的产品。这种新产品往往需要经过漫长岁月的锤炼和无数先辈的努力才能出现。它的使用往往会改变消费者的生活态度及方式。如 20 世纪 60 年代的超短裙、阿玛尼的休闲服等（图 6-14）。

图 6-14　20 世纪 60 年代的超短裙

（2）新产品线。指一个公司首次进入现有市场的新产品，如西服公司开辟警服生产线，进入职业制服市场。

（3）现有产品线的增补品，如西服规格的增加。

（4）现有产品的改良或更新，结构的调整，如领型改变后的衬衫。

（5）再定位产品。以新的市场或细分市场为目标市场的现有产品。

（6）成本降低产品。以降低成本提供同样性能的产品，也可称为新产品。

从市场和消费者的角度来确认，新产品也可以是国际新产品、国家新产品、地方新产品。

二、服装新产品开发的步骤

服装新产品开发对服装企业的生存和发展至关重要，但绝不是轻而易举的。开发服装新产品同样要冒很大的市场风险。服装产品有其特殊性，它的功能概念相对模糊，效用不像电视机、洗衣机那样单一而明确。服装产品的实用功能和美学功能，需要专业指导，且人们的消费要求也越来越复杂，而材料、环境及经济指标等给新产品开发增加了难度，不管是全新产品和革新产品，研制成功都需要投入巨额资金、大量的技术力量和时间，且不是任何新产品开发都能获得市场认可的。企业要充分认识新产品的各项要素，研究开发思路，抓好关键步骤，分析商业价值，扎扎实实保证新产品开发的成功。

成功开发新产品要求企业首先要建立一个管理新产品开发过程的有效组织，其次在新产品开发过程的每一阶段都应用最好的分析工具和概念，最后要建立各阶段关卡系统，明确工作程序和标准。其一共包括两个阶段。

1. 构思创意阶段

构思产生筛选。新产品开发的第一个阶段是寻找产品构思。首先，高层管理部门需指出重点研究的各种产品和市场的未来方向。如果组织适当、目标明确，任何公司都能吸引来建议。其次，企业应鼓励员工提交构思。从消费者的需求和欲望着手，依靠自己的专家、技术人员等主要骨干，虚心听取各销售代表和中间商的意见和建议等。再次，构思应被记录下来，高层管理人员及时审核，发现有前途的构思都应由专人进行研究并做出报告，留下来的构思进入筛选。筛选的目的是尽早发现和放弃不良构思，保留有价值的构思并优先发展。

2. 具体化阶段

经过筛选，创意仍是一种观念或想法而已，而消费者需要的是实实在在的产品。所以创意必须经过产品具体化的过程，即将创意变成一个清楚的"产品观念"，并能够将它发展成有经济价值的实质产品或服务。产品具体化阶段包括五个步骤：产品概念的开发和测试，市场营销规划及利润分析，产品开发，试销和成本评估以及商品化阶段。

（1）产品概念的开发和测试。有价值的产品构思或创意需要发展成可测试的产品概念。任何一个产品构思都能转化成几种产品概念。例如，一家时装公司最近针对第二年春夏季产品的构思，形成了几个产品概念：① 春季职业套装，为高级白领女性设计的春季上班服；② 休闲服，为都市青年男女设计的春季休闲、时尚服饰单品及组合；③ 为都市中青年女性设计的夏季短袖套裙。接下来便是测试这个产品概念，最好的测试方式是进行消费者意见及偏好调查，譬如，你为什么喜欢这个潜在的产品，目标价格应是多少？有多少可能性会购买？测试的主要目的不仅是使产品观念更具体化，同时也可以分析三种产品的优缺点，从而进行修正。如针对高级白领女性春季上班服装的市场太小，根据市场对第二年春季流行趋势的预测，舒适、简洁、运动感将成为最主要的设计元素，那么，轻松、舒适、随意的春季休闲服单品及组合应是最好的产品观念，也更适合公司的产品定位，有利于将产品概念转换成品牌概念。

（2）市场营销规划及利润分析。为了进一步把概念产品转化成新产品，确保新产品推出的成功，企业必须拟订新产品的市场营销规划，预先进行详尽的商业分析，如销量、成本、利润等。服装概念新产品的市场营销规划分成三部分。

第一部分描述概念产品的目标市场的规模、结构和行为，计划中的服装产品定位和销售量、市场份额、利润目标等。如第二年春季休闲产品的目标市场是都市青年男女，他们最愿意接受新潮、舒适、随意的休闲概念及产品。他们是时尚的代表。该时装公司的品牌定位是中档价格和较高质量。一个季节20个品种，约10000套件的销售量。市场区域在江南沿海城市，如温州、宁波、杭州、上海、南京等及周边小城镇。市场份额计划在8%左右，计划获利60万元。

第二部分描述概念服装产品的价格，分销策略和营销预算。如这家时装公司的休闲男装的计划价格，上衣为688元，单裤的价格为318元，女装上衣为495元，裤子285元，裙子为225元等。生产前做电视、报纸广告，让消费者先接受公司的设计理念，并到各中心城市进行时装专场演出，以促进销售，全部的促销预算为220万元。

第三部分描述预期的销售量和利润目标以及不同时间的营销策略。如上述的青年男女休闲服推出后，实行新产品新价格，目标是可大量获利，到季末进行打折、优惠，以进一步扩大市场，抢占市场份额，直至当季全部卖完，实现利润目标。

营销预测计划完成后，管理层就能够设计此项冒险事业的预期成本和利润，以最后裁决新产品是否开发。

（3）产品开发。一个产品概念通过了商业测试，结果有利可图，且营销规划也能配合，便可以开始着手研制开发真正的实体产品了。此时的产品开发可能需要许多部门和人才的配合。管理上也需要成立产品开发小组投身其中。服装产品的设计师、样板师、工艺师等必须从服装的色彩、款式、面辅料三大要素着手进行研究，保证样品符合设计要求，如服装产品的关键属性、功能，特别是服装产品通过实体传达心理暗示的功能等，且要成本低廉。

还以春季休闲服为例，开发小组必须根据概念设计服装的款式和色彩，然后选择相宜的材料，经打样、试样、修改测试、封样等程序，完成产品开发工作，并做好相应的技术资料和数据档案，以备批量投产。

（4）试销和成本评估。在企业内部管理部门对服装新产品测试的结果感到满意以后，就要进行试销，在具体可信的营销市场环境中进行试销，了解消费者的反应及新产品的市场潜力。同时，测试产品属性及营销规划，以避免正式投产时遇到强大的市场风险压力。服装产品的试销较适应经典而常见的品种，如男西服、衬衫、西裤和女职业类服装等。流行时装的试销相对较困难，因为它具有极强的时效性，流行周期短、更新快，所以只能预测市场，因而也就具有更大的市场风险。为了避免高风险，往往进行时装产品及动态表演推广概念，引导消费，指导流行。

（5）商品化阶段。经过艰难的新产品开发过程，且试销成功，企业就必须将产品商品化，开始大量生产，进入目标市场，并搭配有效的营销组合进行销售。在新产品商业化的过程中，要拟订上市计划，研究上市方法，决定上市对象，制定有针对性的促销方法，选择适当的上市途径等。同时进行销售追踪，并分析竞争者的产品，以便及时调整。

三、服装新产品开发策划要素

1. 款式整体构成比例策划

策划款式整体构成比例的主要依据是企业的季节主题设定。根据与季节主题的对应程度，商品分为新潮品、畅销品和长销品三类。如秋冬季节，秋季时间较短，产品数量所占比例也较小，设定为25%；初冬为冬季的主要上货阶段，产品数量较多，设定款数占总款数的45%；深冬的产品数量较初冬稍减，以免过量存货，款式数量比例设定为30%。其中新潮品约占整个秋冬季节的15%，畅销品约占50%，长销品约占35%。

2. 廓型与细部结构策划

廓型和细部结构设计是服装总体设计的第一要素，决定了服装的整体造型与结构特征。服装设计一般要先确定好服装的整体轮廓，再审视构筑细部结构。

如冬季产品的款式类别大体分为外套类、背心类、棉袄类、裤装和裙装。根据衣长不同，外套类又分为夹克、短外套和长外套；棉袄类又分为短棉袄和长棉袄；根据厚薄，裤子首先分为单裤和棉裤，根据裤型和裤长，裤子又可分为直筒裤、喇叭裤、窄口脚裤、八分裤等；根据裙型，裙子可分为喇叭裙和A字裙等。根据以上分类方法，先规划出不同款式类型的廓型，再用不同的设计手法变换其内部结构，概括出几种主要的款式类型，为设计系列产品提供参考。

3. 服装产品的色彩定位

在服装领域，色彩不仅可以传达单件产品的特点，还可以传达一个服装品牌的整体风格，即不同的服装品牌可以用与之相对应的服饰色彩表现其风格特征。这里的色彩指色彩组合，而不是单个色彩。

服装品牌在确定整体色彩基调后，还需要针对每个季节做具体的色彩策划方案。策划方案一般分为春夏和秋冬两季，每个季节会制定2~3个色彩主题，主要是为丰富产品种类，更好地满足消费者的需求。色彩组合策划同样运用新潮品、畅销品、长销品的产品分类法制定主题。

在策划色彩主题中，一般选用3个主题，分别为长销品、畅销品和新潮品。与长销品相关的色彩主题，所选用的主题词多体现优雅、静谧、知性、怀旧、悠远的感觉，如流金岁月、心情故事、经典情怀等。在长销品的色彩主题中，主要采用品牌的固有色做主题色，可以用少量流行色做点缀色。与畅销品相关的主题，所体现的季节性较强，如初春畅想、冬日暖阳等。在畅销品的色彩主题中，主要运用品牌的固有色做主题色，正在流行的颜色做搭配色，这样既不失品牌的风格又体现流行的特点。与新潮品相关的色彩主题，所选用的主题词多体现阳光、活泼、激情、绚丽的感觉，如色彩斑斓、动感时代、百花争艳等。在新潮品的色彩主题中，主要选用正在流行和即将流行的时髦色彩做主题色，以体现品牌较强的时尚感。

4. 每季面料种类开发策划

服装品牌的面料开发，主要以季节的不同，按时间段策划，大体上也可划分为春夏和秋冬两个波段。根据面料的特性，先选择与本服装品牌风格特点、季节主题相符合的各类面料，然后针对此季节，对面料进行分类，策划每块面料所需做的服装款式类型与数量。

四、服装新产品开发的意义

随着科学技术的进步，产品更新换代加快，新产品层出不穷。努力开发新产品，对企业的生存发展有极为重要的意义。

从消费者的角度来看，消费者的满足只能是相对的。消费者对本企业产品的满足是相对于别的企业和各阶段来说的，竞争者和时间在不断地发展和前进，也许这个阶段消费者对本企业产品比较满意，下一个阶段，竞争者生产了更好的产品，或消费者的需求有了提高，顾客对原产品就不满意了。随着竞争的加剧和消费者市场意识的觉醒，消费者的需求会越来越多，且变化加快。只有不断推出新产品，创造新理念，才能吸引消费者的目光，不断满足消费者的各类需求。

从市场的角度来看，市场上常蕴含无限的商机，常有许多需求未被满足。不断洞察市场，为消费者着想，开发新品，可以为企业提供大量的盈利的机会。通过市场细分，企业可以发现一些未被满足的子市场，这部分需求不仅具有很大的市场潜力，且竞争不强，如果能最快地研制出新产品，就可以抢占市场竞争的制高点，为企业赢得厚利。服装产品策划人员要时时关注市场的动态，研究消费时尚，提炼潜在的消费需求，然后运用新款式、新材料、新工艺，创造新风格、新产品。不断增加产品的品种和数量，使市场商品日益丰富，市场经济日益繁荣。

创新是企业生命之所在，是企业发展的根本，也是企业在市场竞争中取胜的重要武器。美国企业管理学家德鲁克（Drucker）说过："任何工商企业具有两个也仅有两个基本的功能，市场营销与创新。"

从企业的角度来看，时时创新才能保持企业的生命力，只有不断创新才能给消费者留下充满活力、富于进取的企业形象，随之对其产品更加信任。因此，很多服装大企业，在保持其品牌稳定性的同时，会定期推出各种新产品，不断地冲击市场，掀起一阵又一阵时尚浪潮，成为市场经济的弄潮儿。另外，创新产品还可以通过增加企业的产品线，分散经济领域，减少市场风险，减少因原产品滞销而带来的巨大压力，增强服装产品的稳定性。创新产品还可以充分利用企业的资源和生产能力，降低成本，提高经济效益。

第七章
服装市场营销价格策划

价格形成及变动是服装市场营销中最复杂的现象之一,除了价值这个形成价格的基础因素外,现实中的产品价格还受到多种因素的影响和制约。企业对这些因素的关注程度不同,选择的定价方法就会不同。企业确定了产品的基础价格后,往往还会在不同时期、不同情况下实行灵活多变的定价策略。企业在制定了价格策略后,常常又面临修改价格的局面。但不管是提高价格还是降低价格,企业要预测消费者和竞争者对价格变动的反应都是很困难的。

另外,企业还要应对竞争者发动的价格变化,根据产品是否同质做出相应的反应。市场营销人员只有正确认识商品价格的含义才能制定正确的产品价格以配合企业整体的市场营销策略。在市场经济中企业都是市场价格的适应者而非操纵者,因此,企业的所有营销工作都必须围绕市场价格这一主题展开。

第一节 服装价格相关概念

政治经济学者认为,商品的价值是凝结在商品中的无差别的人类劳动,其大小是由生产该商品的社会必要劳动时间决定的。商品价格是商品价值的货币表现,其高低是由商品的价值决定的,而价格是商品价值的货币表现。

服装价格的制定和变化不仅直接影响消费者的购买行为,也直接影响着企业服装产品的销售和利润,因此,尽管在现代服装市场营销进程中,非价格因素的作用在增大,但价格策略仍是服装市场营销组合中重要的基本因素。

一、价格的定义

价格是商品价值的货币表现形式,价值是价格形成的基础。服装的价格是服装价值的货币表现,服装价值由生产过程中所消耗的物化劳动和活劳动组成。在实际交换过程中,服装价格表现为服装经营者对所经营的某一款式、品牌的服装制定的需消费者支付的货币数量。流通领域仍要继续消耗物化劳动和活劳动。其中的一部分劳动仍属于生产过程在流通过程的继续。如服装产品在到达消费者手中前,要经过服装的运输、保管、售前整烫、包装等劳动,这是创造价值的劳动;另一部分劳动是在流通过程中的各种买卖、辅助服务等活动的劳动,这些是不创造价值的,但又是不可缺少的必要劳动。这些费用也必须通过价格得到补偿。

服装市场产品价格一般包括了采购价格、采购费用、销售费用、销售税金、销售利润五个部分。

① 采购价格,即购进商品的成年人因采购渠道不同而有所不同,如果从工厂直接进货,采购价格就是工厂的出厂价格;如果从批发企业采购,采购价格就是批发企业的批发价格。

② 采购费用,即商品采购过程中支付的一切费用。商品采购价格加上采购费用构成商品

采购成本。

③ 销售费用，即因销售商品而发生的费用。采购成本加上销售费用构成店铺的商品销售成本。

④ 销售税金，即商品销售中向国家缴纳的税金。

⑤ 销售利润，即店铺获得的利润。商品销售价格减去销售税金和销售成本即为店铺销售利润。

二、服装价格构成

在服装营销活动中，定价是一项既重要又困难且带有风险的工作。它影响着服装商品在市场中的被接受程度；影响商品及其卖方的形象；影响竞争者的行为；影响店铺的销售收入和利润。

服装的价格构成可以从以下两个方面考虑：服装的出厂价格和服装商业价格。

服装的出厂价格是服装生产企业出售服装产品的价格，其构成内容主要包括服装生产企业的各种制造成本和费用以及工业利润，其中制造成本和费用的计算依据主要来源是企业的财务成本。

服装商业价格是指服装商业企业销售服装商品的价格，包括批发价格和零售价格。服装商业价格的构成要素主要包括进价成本、经营费用、管理费用、财务费用、商业利润、税金。

在服装的价格中各个构成部分所占的比例往往存在较大的差异。在传统的市场营销观念中，企业往往采用机械的模式，利用服装产品的生产成本来确定服装销售价格水平，忽视市场需求对价格的影响。一方面，以生产成本作为制定服装产品市场价格的依据，没有从根本上转变生产型的经营观念，所制定的价格往往脱离消费者的接受水平；另一方面，如果制定服装价格只考虑有形的生产成本，忽视营销成本或交易成本，则很难提高服装产品的资本密集程度，也就摆脱不了服装营销在低水平上延伸的局面。

在现代服装市场营销实践中，企业定价的成功与否依赖于有效的市场营销组合，服装产品的定价必须与企业产品、分销渠道、促销手段等营销因素互相配合。企业必须把定价作为整体经营战略的一个组成部分，应该重点考虑的是在现有市场接受的价格水平下维持怎样的成本才能实现利润目标。如西班牙的服装品牌飒拉（ZARA），就是采用按需设计的模式，在保证产品质量的前提下，尽量减少服装中与时尚无关的细枝末节，最大限度地降低成本，以提高利润（图7-1）。

图7-1　飒拉女装

三、影响服装价格的因素

影响服装产品定价的因素很多，有企业

内部因素，也有企业外部因素；有主观的因素，也有客观的因素。

1. 影响服装价格的内在因素

（1）服装成本。在正常的市场环境下，成本应是定价的最低经济界限，是决定价格的基本因素。在市场竞争中，成本较低在价格决定方面往往具有较大的主动性，易于保持竞争优势，并能得到预期的利润回报。

服装成本是决定服装价值大小的主要因素，也是决定服装价格高低的基础因素。从管理的角度看，服装生产商的全部经营成本可分为变动成本和固定成本。变动成本一般随服装销量的变动而成正比例的变动，包括面料成本（图7-2）、辅料成本、一线工人的直接人工成本、生产线上的动力成本、所得税等。变动成本的刚性较强，即在基础生产条件和基本技术条件不变时，难以有大的改变。因此，不同品牌、不同档次服装的变动成本率（单位服装的变动成本/单位服装售价）相差较小，即变动成本对不同服装售价的相对差异影响较小。固定成本在一定的产销量范围内随产销量的变动而基本不变，包括厂房和加工设备的折旧费、服装设计费、管理人员和技术人员的间接人工成本、办公费、社会保险费、财产保险费、广告费及租金等。

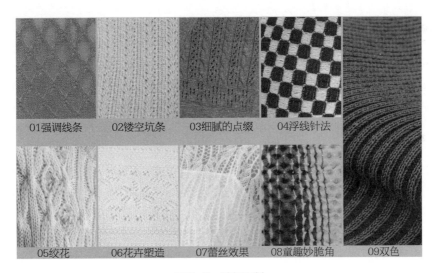

图7-2 针织面料

（2）服装质量与档次。服装的质量与档次由服装面料、辅料档次、设计水平及加工制作水平等因素决定。一般来说服装制作成本越高，服装档次也越高，服装的内在价值也就越大。服装按档次可分为高档、中档和低档三个层次，亦可分为高档、中高档、中档、中低档和低档五个层次。由于低档服装制作成本低、品牌知名度低、附加值低，大多出现在集贸市场和地摊上，定价也相对简单和随意，大多靠买卖双方的讨价还价成交。附加值大、内在价值大的高档服装一般应创出知名度较高的品牌才能使服装的内在价值通过市场价格获得良好的表现。对中档服装而言，也应努力创出知名度较高的品牌，但品牌知名度对中档服装价格的影响相对较小。

（3）服装的品牌。服装品牌是不同服装相互区分的主要标志，品牌价值是服装内在价值的重要组成部分，尤其是知名度高的品牌是服装生产商打开市场之门的金钥匙，是服装生产企业获得良好经营业绩的关键因素。因此，知名度高的服装品牌是服装生产企业一项宝贵的无形资产（图7-3）。

图7-3 品牌服饰

2. 影响服装销售价格的外部因素

（1）服装的流行情况。在服装流行的初期，服装的价格往往较高；而在服装流行的末期，服装的价格较低。流行情况代表着商品的市场需求弹性。需求弹性大的商品，价格一经调整就会立即影响市场需求；而需求弹性小和无弹性的商品，调整价格一般对销售量无大影响。所以，如果某一时期在某一市场上对某一商品的需求量是增加的，则可以采取适当的提价措施；反之，则应适当降价。

（2）需求价格弹性。需求价格弹性指在其他条件不变的情况下，某种商品需求量的相对变化量与该种商品价格相对变化量之比。一般来说，商品价格越高则商品需求量越小。某个品牌服装需求价格弹性大，表明该品牌服装需求量受其价格变化的影响程度大，因此，对需求价格弹性大的服装可适时（如进入成熟期或淡季时）、适度（考虑服装制作成本及加工能力等）降低服装售价并提高该品牌服装的市场占有率和企业经济效益。对需求价格弹性小的服装，如高档名牌服装等，可适时（如进入成长期时）、适度（在保持物美价适、物有其值的前提下）提高销售价格，以提高企业经济效益。

（3）服装的竞争环境。在竞争的市场上，买卖双方都只是价格的接受者而不是价格的决定者，价格完全由供求关系决定。在这种市场条件下，双方的行为只受价格因素的支配。

（4）服装商品的比价与差价因素。服装商品的比价与差价是服装企业进行服装产品价格定位的一个重要参考因素。服装企业无论采用成本导向定价法还是采用需求导向定价法，在实际运用中，都可以根据市场环境、产品特点、交易条件和消费者心理等因素，采取适当的定价策略。对一种定价方法做出灵活调整，使企业的服装价格更容易被消费者所接受，获得更高的利润。

（5）季节转换。在我国的绝大部分地区，春、夏、秋、冬四季分明。人们的着装随季节的更替而变化，尤其是冬装和夏装（图7-4）。若本季节的产品不能卖掉就要面临积压近一年的压力，严重影响服装生产企业资金的周转及使用效益的提高。所以对于换季服装，尤其是季节性强的冬装和夏装，一般应在旺季适当提高售价；在淡季适当降低售价，使消费者和生产者双方都受益。此外，对于不同的销售地区，如境外、沿海、内地、大中城市、农村等不同的消费市场，可以有一定的价格差异。还可针对消费者心理采取舍整取零定价法，如吉祥数字标价法等。

图7-4 夏款裙装

总之，服装定价是有规律可循的。无论是提价、压价还是打折销售，都应以服装的内在价值为基础并考虑影响服装定价的外部相关因素，以促进服装业的健康发展。

第二节 服装产品定价方法

服装定价方法是企业在特定的定价目标指导下，依据对成本、需求及竞争等状况的研究，用价格决策理论，对产品价格进行计算的具体方法。定价方法主要包括成本导向定价法、竞争导向定价法和顾客导向定价法三种。

一、成本导向定价法

成本导向定价法是企业定价首先需要考虑的方法。成本是企业生产经营过程中所发生的实际耗费，客观上要求通过商品的销售而得到补偿，并且要获得大于其支出的收入，超出的部分表现为企业利润。以产品单位成本为基本依据，再加上预期利润来确定价格的成本导向定价法，是中外企业最常用、最基本的定价方法。成本导向定价法又衍生出了总成本加成定价法、目标收益定价法、边际成本定价法、盈亏平衡定价法等具体的定价方法。

1. 总成本加成定价法

在这种定价方法下，所有为生产某种产品而发生的耗费均计入成本的范围。计算单位产品的变动成本，合理分摊相应的固定成本，再按一定的目标利润率来决定价格。其计算公式为：

$$单位产品价格 = 单位产品总成本 \times (1 + 目标利润率)$$

采用总成本加成定价法，确定合理的目标利润率是一个关键问题，而目标利润率的确定，必须考虑市场环境、行业特点等多种因素。某一行业的某一产品在特定市场以相同的价格出售时，成本低的企业能够获得较高的利润率，并且在进行价格竞争时可以拥有更大的回旋空间。

在用总成本加成方式计算价格时，对成本的确定是在假设销售量达到某一水平的基础上进行的。因此，若产品销售出现困难则预期利润很难实现，甚至成本补偿也变得不现实。但是这种方法也有一些优点：首先，这种方法简化了定价工作，便于企业开展经济核算；其次，若某个行业的所有企业都使用这种定价方法，它们的价格就会趋于相似，从而减少价格竞争；再次，在成本加成的基础上制定出来的价格对买方和卖方来说都比较公平，卖方能得到正常的利润，买方也不会觉得受到了额外的剥削。总成本加成定价法一般在租赁业、建筑业、服务业、科研项目投资及批发零售企业中得到广泛的应用。即使不用这种方法定价，许多企业也多把用此法制定的价格作为参考价格。

2. 目标收益定价法

目标收益定价法又称投资收益率定价法，是根据企业的投资总额、预期销量和投资回收期等因素来确定价格。与总成本加成定价法相类似，目标收益定价法也是一种生产者导向的产物，很少考虑到市场竞争和需求的实际情况，只是从保证生产者的利益出发制定价格。另外，先确定产品销量，再计算产品价格的做法完全颠倒了价格与销量的因果关系，把销量看成是价格的决定因素，在实际市场中很难行得通。尤其是对于那些需求价格弹性较大的产品，用这种方法制定出来的价格，无法保证销量的必然实现。那么，预期的投资回收期、目标收益等也就只能成为一句空话。不过对于需求比较稳定的大型制造业，供不应求且价格弹性小的商品，市场占有率高、具有垄断性的商品以及大型的公用事业、劳务工程和服务项目等，在科学预测价格、销量、成本和利润四要素的基础上，目标收益法仍不失为一种有效的定价方法。

3. 边际成本定价法

边际成本是指每增加或减少单位产品所引起的总成本的变化量。由于边际成本与变动成本比较接近，而变动成本的计算更容易一些，所以在定价实务中多用变动成本代替边际成本，而将边际成本定价法称为变动成本定价法。

采用边际成本定价法时是以单位产品变动成本作为定价依据和可接受价格的最低界限。在价格高于变动成本的情况下，企业出售产品的收入除完全补偿变动成本外，尚可用来补偿部分固定成本，甚至可能提供利润。

边际成本定价法改变了售价低于总成本便拒绝交易的传统做法，在竞争激烈的市场条件下具有极大的定价灵活性，对于有效地对付竞争者、开拓新市场、调节需求的季节差异、形成最优的产品组合可以发挥巨大的作用。但是，过低的价格有可能被指控为从事不正当竞争，并招致竞争者的报复。在国际市场则易被进口国认定为"倾销"，产品价格会因"反倾销税"的征收而畸形上升，失去其最初的意义。

4. 盈亏平衡定价法

在销量既定的条件下,企业产品的价格必须达到一定的水平才能做到盈亏平衡、收支相抵。既定的销量就称为盈亏平衡点,这种制定价格的方法就称为盈亏平衡定价法。科学地预测销量和已知固定成本、变动成本是盈亏平衡定价的前提。

在此方法下,为了确定价格可利用如下公式:

盈亏平衡点价格(P)=固定总成本(FC)÷销量(Q)+单位变动成本(VC)

以盈亏平衡点确定价格只能使企业的生产耗费得以补偿,而不能得到收益。因此,在实际中均将盈亏平衡点价格作为价格的最低限度,通常在加上单位产品目标利润后才作为最终市场价格。有时,为了开展价格竞争或应付供大于求的市场格局,企业采用这种定价方式以取得市场竞争的主动权。

从本质上说,成本导向定价法是一种卖方定价导向。它忽视了市场需求、竞争和价格水平的变化,在有些时候与定价目标相脱节,不能与之很好地配合。此外,运用这一方法制定的价格均是建立在对销量主观预测的基础上,从而降低了价格制定的科学性。因此,在采用成本导向定价法时,还需要充分考虑需求和竞争状况,来确定最终的市场价格水平。

二、竞争导向定价法

在竞争十分激烈的市场上,企业通过研究竞争对手的生产条件、服务状况、价格水平等因素,依据自身的竞争实力,参考成本和供求状况来确定商品价格。这种定价方法就是通常所说的竞争导向定价法。其特点是:价格与商品成本和需求不发生直接关系;商品成本或市场需求变化了,但竞争者的价格未变,就应维持原价;反之,虽然成本或需求都没有变动但竞争者的价格变动了,则要相应地调整其商品价格。当然,为实现企业的定价目标和总体经营战略目标,谋求企业的生存或发展,企业可以在其他营销手段的配合下,将价格定得高于或低于竞争者的价格,并不一定要求和竞争对手的产品价格完全保持一致。竞争导向定价主要包括以下两种方法。

1. 随行就市定价法

在垄断竞争和完全竞争的市场结构条件下,任何一家企业都无法凭借自己的实力在市场上取得绝对的优势,为了避免竞争特别是价格竞争带来的损失,大多数企业都采用随行就市定价法,即将本企业某产品价格保持在市场平均价格水平上,利用这样的价格来获得平均报酬。此外,采用随行就市定价法,企业就不必去全面了解消费者对不同价差的反应,从而为营销、定价人员节约了很多时间。

采用随行就市定价法,最重要的就是确定目前的"行市"。在实践中,"行市"的形成有两种途径:第一种途径是在完全竞争的环境里,各个企业都无权决定价格,通过对市场的无数次试探,相互之间取得一种默契而将价格保持在一定的水准上;第二种途径是在垄断竞争的市场条件下,某一部门或行业的少数几个大企业首先定价,其他企业参考定价或追随定价。

2. 产品差别定价法

从根本上来说，随行就市定价法是一种防御性的定价方法，它在避免价格竞争的同时，也抛弃了价格这一竞争的"利器"。产品差别定价法则反其道而行之，它是指企业通过不同的营销努力，使同种同质的产品在消费者心目中树立起不同的产品形象，进而根据自身特点，选取低于或高于竞争者的价格作为本企业产品价格。因此，产品差别定价法是一种进攻性的定价方法。

产品差别定价法的运用，首先要求企业必须具备一定的实力，在某一行业或某一区域市场占有较大的市场份额，消费者能够将企业产品与企业本身联系起来。其次，在质量大体相同的条件下实行差别定价是有限的，尤其对于定位为"质优价高"形象的企业来说，必须支付较大的广告、包装和售后服务方面的费用。因此，从长远来看，企业只有通过提高服装产品的质量，才能真正赢得消费者的信任，才能在竞争中立于不败之地。

三、顾客导向定价法

现代服装市场营销观念要求，企业的一切生产经营必须以消费者需求为中心，并在产品、价格、分销和促销等方面予以充分体现，只考虑产品成本，而不考虑竞争状况及顾客需求的定价，不符合现代服装营销观念。根据市场需求状况和消费者对产品的感觉差异来确定价格的方法叫作顾客导向定价法，又称市场导向定价法、需求导向定价法。其特点是灵活有效地运用价格差异，对于平均成本相同的同一服装产品，价格随市场需求的变化而变化，不与成本因素发生直接关系。顾客导向定价法主要包括理解价值定价法、需求差异定价法和逆向定价法。

1. 理解价值定价法

理解价值也称感受价值、认知价值，是指消费者对某种商品价值的主观评判。理解价值定价法是指企业以消费者对商品价值的理解为定价依据，运用各种营销策略和手段，影响消费者对商品价值的认知，形成对企业有利的价值观念，再根据服装商品在消费者心目中的价值来制定价格。

理解价值定价法的关键和难点是获得消费者对有关商品价值理解的准确资料。企业如果过高估计消费者的理解价值，其价格就可能过高，难以达到应有的销量；反之，若企业低估了消费者的理解价值，其定价就可能低于应有水平，使企业收入减少。因此，企业必须通过广泛的市场调研，了解消费者的需求偏好，根据服装产品的性能、用途、质量、品牌、服务等要素，判定消费者对商品的理解价值，制定商品的初始价格。然后，在初始价格条件下，预测可能的销量，分析目标成本和销售收入，在比较成本与收入、销量与价格的基础上，确定该定价方案的可行性，并制定最终价格。

2. 需求差异定价法

所谓需求差异定价法，是指产品价格的确定以需求为依据，首先强调适应消费者需求的不同特性，而将成本补偿只放在次要的地位。这种定价方法，对同一商品在同一市场上制定两个或两个以上的价格，或使不同商品价格之间的差额大于其成本之间的差额。其好处是可以使企业定价最大限度地符合市场需求，促进商品销售，有利于企业获取最佳的经济效益。根据需求特性的不同，需求差异定价法通常有以下几种形式。

（1）以用户为基础的差别定价。它指对同一产品针对不同的用户或顾客，制定不同的价格。比如，对老客户和新客户、长期客户和短期客户、女性和男性、儿童和成人、残疾人和健康人、工业用户和居民用户等分别采用不同的价格。

（2）以地点为基础的差别定价。它是随着地点的不同而采取不同的价格，比较典型的例子是影剧院、体育场、飞机等，其座位不同，票价也不一样。例如，体育场的前排可能收费较高，旅馆客房因楼层、朝向、方位不同而收取不同的费用。这样做的目的是调节客户对不同地点的需求和偏好，平衡市场供求。

（3）以时间为基础的差别定价。同一种产品，成本相同，而价格随季节、日期甚至钟点不同而变化。例如，供电局在用电高峰期和闲暇期制定不同的电费标准；电影院在白天和晚上的票价有别。对于某些时令商品，在销售旺季，人们愿意以稍高的价格购买；而一到淡季，则购买意愿明显减弱，所以这类商品在定价之初就应考虑到淡、旺季的价格差别。

（4）以产品为基础的差别定价。不同的款式、花色、型号、规格、用途的服装产品，也许成本有所不同，但它们在价格上的差异并不完全反映成本之间的差异，而主要区别在于需求的不同。例如，对于款式相同而仅仅是颜色不同的服装产品，由于消费者偏好与需求量的不同，可以制定不同的价格（图7-5）。

（5）以流转环节为基础的差别定价。服装企业产品出售给批发商、零售商和用户的价格往往不同，通过经销商、代销商和经纪人销售产品，因责任、义务和风险不同，佣金、折扣及价格等都不一样。

（6）以交易条件为基础的差别定价。交易条件主要指交易量大小、交易方式、购买频率，支付手段等。交易条件不同，企业可能对产品制定不同的价格。比如，交易批量大的服装价格更低，零星购买价格高；现金交易价格可适当降低，支票交易、分期付款、以物易物的价格适当提高；预付定金、连续购买的价格一般低于偶尔购买的价格。

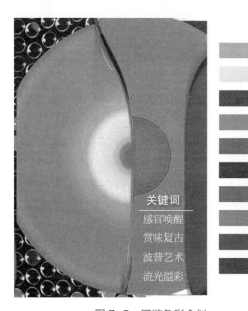

图7-5 服装色彩企划

3. 逆向定价法

这种定价方法主要不是考虑产品成本，而是重点考虑需求状况。依据消费者能够接受的最终销售价格，逆向推算出中间商的批发价和生产企业的出厂价格。逆向定价法的特点是：价格能反映市场需求情况，有利于加强与中间商的良好关系，保证中间商的正常利润，使产品迅速向市场渗透，并可根据市场供求情况及时调整，定价比较灵活。

第三节　服装产品定价策略

在服装市场营销中，企业在根据成本、需求和竞争等因素决定了产品定价方法后，还需要考虑灵活多变的定价策略，以修正或调整服装产品的基础价格。企业根据服装产品的需求弹性、竞争因素、生命周期、消费者心理、消费者购买频率等因素采用不同的定价策略。

一、心理定价策略

每种产品都能满足消费者某一方面的需求，其价值与消费者的心理感受有着很大的关系。这就为心理定价策略的运用提供了基础，使得企业在定价时可以利用消费者的心理因素，有意识地将产品价格定得高些或低些，以满足消费者生理的和心理的、物质的和精神的多方面需求，通过消费者对企业产品的偏爱或忠诚，扩大市场销售，获得最大效益。常用的心理定价策略有整数定价、尾数定价、声望定价和招徕定价。

1. 整数定价

对于那些无法明确显示其内在质量的商品，消费者往往通过其价格的高低来判断其质量的好坏。但是，在整数定价方法下，价格的高并不是绝对的高，而只是凭借整数价格来给消费者造成高价的印象。整数定价常常以偶数，特别是"0"作尾数。例如，精品店的服装可以定价为1000元，而不必定为998元。这样定价的好处有：

① 可以满足购买者炫耀富有、显示地位、崇尚名牌、购买精品的虚荣心；
② 省去了找零钱的麻烦，方便企业和顾客的价格结算；
③ 花色品种繁多、价格总体水平较高的商品，可利用产品的高价效应，在消费者心目中树立高档、高价、优质的产品形象。

整数定价策略适用于价格弹性小、价格高低不会对需求产生较大影响的商品，如流行品、时尚品、奢侈品、礼品、星级宾馆消费、高级文化娱乐城消费等，由于其消费者都属于高收入阶层，也甘愿接受较高的价格，所以，整数定价得以大行其道。

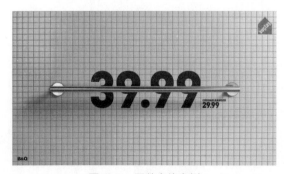

图7-6　尾数定价案例

2. 尾数定价

尾数定价又称奇数定价、非整数定价（图7-6），指企业利用消费者求廉的心理，制定非整数价格，而且常常以奇数作尾数，尽可能在价格上不进位。比如，把一种短袖的价格定为69.97元，而非70元；将袜子价格定为19.90元，而非20元，可以在直观上给消费者一种便宜的感觉，从而激起消费者的购买欲望，促进产品销售量的增加。这样定价的好处包括以下几点。

（1）感觉便宜。标价99.97元的商品和100.07元的商品，虽仅相差0.1元，但前者给购买者的感觉是还不到"100元"，后者却使人认为"100多元"，因此前者可以给消费者一种价格偏低、商品便宜的感觉，使之易于接受。

（2）精确。带有尾数的定价可以使消费者认为商品定价是非常认真、精确的，连几角几分都算得清清楚楚，进而会产生一种信任感。

（3）可赋予含义。由于民族习惯、社会风俗、文化传统和价值观念的影响，某些数字常常会被赋予一些独特的含义，企业在定价时如能加以巧用，则其产品将因之得到消费者的偏爱。

3. 声望定价

这是根据产品在消费者心中的声望、信任度和社会地位来确定价格的一种定价策略。声望定价可以满足某些消费者的特殊欲望，如地位、身份、财富、名望和自我形象等，还可以通过高价格显示名贵优质。因此，这一策略适用于一些传统的名优产品、具有历史地位的民族特色产品，以及知名度高、有较大的市场影响、深受市场欢迎的驰名商品。

4. 招徕定价

招徕定价是指将某几种商品的价格定得非常之高或非常之低，在引起消费者的好奇心理和观望行为之后，带动其他商品的销售。这一定价策略常为综合性百货商店、超级市场甚至网络购物所采用（图7-7）。

图7-7　招徕定价案例

招徕定价运用得较多的方式是将少数产品价格定得较低，吸引顾客在购买"便宜货"的同时，购买其他价格比较正常的商品。将某种产品的价格定得较低，甚至亏本销售，而将其相关产品的价格定得较高，也属于招徕定价的一种运用。

值得企业注意的是，用于招徕的降价品应该与低劣、过时商品明显地区别开来。招徕定价的降价品必须是品种新、质量优的适销产品，而不能是处理品。否则，不仅达不到招徕顾客的目的，反而可能使企业声誉受到影响。

二、地区定价策略

一般来说，一个企业的产品不仅会卖给当地顾客，而且会同时卖给外地顾客。如果卖给外地顾客，就要把产品从产地运到顾客所在地，需要花一些装运费。所谓地区性定价策略，就是企业要决定：对于卖给不同地区（包括当地和外地不同地区）顾客的某种产品，是分别制定不同的价格，还是制定相同的价格，也就是说，企业要决定是否制定地区差价。地区性定价有下列形式。

1. 原产地定价

原产地定价就是顾客（买方）按照厂价购买某种产品，企业（卖方）只负责将这种产品运到产地某种运输工具（如卡车、火车、船舶、飞机等）上交货，交货后，从产地到目的地的一切风险和费用概由顾客承担。如果按产地某种运输工具上交货定价，那么每一个顾客都各自负担从产地到目的地的运费，这是很合理的。但是这样定价对企业也有不利之处，即距离产地较远的顾客有可能不愿购买这个企业的产品，而购买其附近企业的产品。

2. 统一交货定价

该定价方法和原产地定价正好相反。统一交货定价就是企业对于卖给不同地区顾客的某种产品，都按照相同的厂价加相同的运费（按平均运费计算）定价。也就是说，对全国不同地区的顾客，不论远近，都实行一个价。因此，这种定价又叫邮资定价。

3. 分区定价

这种形式介于原产地定价与统一交货定价之间，是企业把全国（或某些地区）分为若干价格区，对于卖给不同价格区顾客的某种产品，分别制定不同的地区价格。距离企业远的价格区，价格定得较高；距离企业近的价格区，价格定得较低。在各个价格区范围内实行一个价。企业采用分区定价也会存在问题：

① 在同一价格区内，有些顾客距离企业较近，有些顾客距离企业较远，对于前者来说就不合算；

② 处在两个相邻价格区界两边的顾客，他们相距不远，但是要按高低不同的价格购买同一种产品。

4. 基点定价

企业选定某些城市作为基点，然后按一定的厂价加上从基点城市到顾客所在地的运费来定价，而不管货实际上是从哪个城市起运的。有些公司为了提高灵活性，选定许多个基点城市，按照顾客最近的基点计算运费。

5. 运费免收定价

有些企业因为急于在某些地区打开市场，会负担全部和部分实际运费。这些卖主认为，如果市场扩大，其平均成本就会降低，因此足以弥补这些费用开支。采用运费免收定价策略，可以使企业加深市场渗透，并能在竞争日益激烈的市场上站得住脚。

三、促销定价策略

为了促进商品销售，企业可以采用促销定价技术来刺激顾客更早、更多地购买，主要方式有以下几种。

1. 牺牲品定价

超级市场和百货商店以某些著名品牌的商品作为牺牲品将其价格定低，以招来顾客，并刺激商店里商品的额外销量，如果正常价格商品的销售额足以弥补牺牲品的低定价，它们就得到了补偿。但一般说来，制造商不愿以自己的品牌作为牺牲品。因为这样不仅会引起其他以正常价格销售的零售商的抱怨，还会损害品牌形象。

2. 特别事件定价

在某个特定的时间段，商家可利用特别事件定价来吸引更多的顾客购买。例如，每年的8月底是学生返校购物的旺季，商家通常以折扣促销活动等形式进行产品售卖。

3. 心理定价

这是指故意给产品定个高价，然后大幅度降价出售它，如"原价359元，现价299元"，促销定价战略常常是个得不偿失的游戏。它们一旦被应用，竞争者便会竞相仿效，因此，对公司来说就会丧失其效果。如果它们失败了，这就浪费了企业的资金，而这些资金本可用于其他能产生长期影响的营销方法，如改进产品质量和服务或通过广告改善产品形象。

四、产品组合定价策略

当某种产品成为产品组合的一部分时，这种产品的定价策略必须要加以修订。在这种情况下，企业要寻找一组在整个产品组合方面能获得最大利润的共同价格。定价是困难的，因为各种各样产品在需求和成本之间有内在的相互关系，并受到不同程度竞争的影响。

1. 产品线定价法

企业通常宁愿发展产品线而不愿发展单件产品。在许多商业行业中，卖主为本行业的产品制定众所周知的价格点。比如男子服装店可以将男式西装定在三种价格水平上：200元、400元和600元。有了这三个价格"点"，顾客就会联想到这是低质量、中等质量和高质量的西装。卖方的任务就是建立能向价格差异提供证据的认知质量差异。

2. 选择特色定价法

许多企业提供各种可选择产品或具有特色的主要产品。然而，为这些产品制定价格是个棘手的问题。

3. 产品捆绑定价法

销售商常常将一些产品组合在一起定价销售。在一个组合捆绑中，利润经常比每个产品单件出售要少很多。例如，剧场公司可出售季度预订票，售价可低于分别购买每一场演出的费用；供应商的供应品中包括免费送货和培训。顾客本来无意购买全部产品，但在这个捆绑价格上节约的余额相当可观，这就吸引了顾客购买。某些顾客并不需要捆绑产品的全部内容，他们要求的是"非捆绑"或"重新捆绑"供应物。如果顾客取消某些项目，企业节省的成本比价格降低减少的利润更多，则销售者实际将增加利润。例如，供应商不送货节约了100元，而产品组合价格降低80元，则供应商增加了20元的利润。

五、新品定价策略

新产品定价的难点在于无法确定消费者对于新产品的理解价值。如果价格定高了，难以被消费者接受，影响新产品顺利进入市场；如果定价低了，则会影响企业效益。常见的新产品定价策略，有三种截然不同的形式，即撇脂定价策略、渗透定价策略和适中定价策略。

1. 撇脂定价策略

这种定价策略是新产品上市之初，将新产品价格定得较高，在短期内获取厚利，尽快收回投资。这一定价策略就像从牛奶中撇取其中所含的奶油一样，取其精华，所以称为撇脂定价策略。一般而言，对于全新产品、受专利保护的产品、需求的价格弹性小的产品、流行产品、未来市场形势难以测定的产品等，可以采用撇脂定价策略。

利用高价产生的厚利，使企业能够在新产品上市之初迅速收回投资，减少投资风险，这是使用撇脂策略的根本好处。此外，撇脂定价还有以下几个优点。

① 在全新产品或换代新产品上市之初，顾客对其尚无理性的认识，此时的购买动机多属于求新求奇。利用这一心理，企业通过制定较高的价格，以提高产品身份，创造高价、优质、名牌的形象。

② 先制定较高的价格，在其新产品进入成熟期后可以拥有较大的调价余地，不仅可以通过逐步降价保持企业的竞争力，而且可以从现有的目标市场上吸引潜在需求者，甚至可以争取到低收入阶层和对价格比较敏感的顾客。

③ 在新产品开发之初，由于资金、技术、资源、人力等条件的限制，企业很难以现有的规模满足所有的需求，利用高价可以限制需求的过快增长，缓解产品供不应求的状况，并且可以利用高价获取的高额利润进行投资，逐步扩大生产规模，使之与需求状况相适应。

同时，撇脂定价策略也存在着某些缺点。

① 高价产品的需求规模毕竟有限，过高的价格不利于市场开拓、增加销量，也不利于占领和稳定市场，容易导致新产品开发失败。

② 高价高利会导致竞争者的大量涌入，仿制品、替代品迅速出现，从而迫使价格急剧下降。此时若无其他有效策略相配，企业苦心营造的高价优质形象可能会受到损害，失去一部分消费者。

③ 价格远远高于价值，在某种程度上损害了消费者利益，容易招致公众的反对和消费者

抵制，其至会被当作暴利来加以取缔，诱发公共关系问题。

从根本上看，撇脂定价策略是一种追求短期利润最大化的定价策略，若处置不当，则会影响企业的长期发展。因此，在实践当中，特别是在消费者日益成熟、购买行为日趋理性的今天，采用这一定价策略必须谨慎。

2. 渗透定价策略

这是与撇脂定价策略相反的一种定价策略，即在新产品上市之初将价格定得较低，吸引大量的购买者，扩大市场占有率。利用渗透定价策略的前提条件有：新产品的需求价格弹性较大，新产品存在着规模经济效益。

采用渗透价格策略的企业无疑只能获取微利，这是渗透定价策略的薄弱之处。但是，由低价产生的两个好处是：首先，低价可以使服装产品尽快为市场所接受，并借助大批量销售来降低成本获得长期稳定的市场地位；其次，微利阻止了竞争者的进入，增强了自身的市场竞争力。

对于企业来说，撇脂策略和渗透策略何者为优，不能一概而论，需要综合考虑市场需求、竞争、供给、市场潜力、价格弹性、产品特性、企业发展战略等因素才能确定。在定价实务中，往往要突破许多理论上的限制，通过对选定的目标市场进行大量调研和科学分析来制定价格。

3. 适中定价策略

适中定价策略既不是利用价格来获取高额利润，也不是让价格制约占领市场。适中定价策略尽量降低价格在营销手段中的地位，重视其他在产品市场上更有利或有成本效率的手段。当环境不适合用撇脂定价策略或渗透定价策略时，企业一般采取适中定价。例如，一个管理者可能无法采用撇脂定价策略，因为产品被市场看作是极其普通的产品，没有哪一个细分市场愿意为此支付高价，同样，它也无法采用渗透定价策略，因为服装产品刚刚进入市场，顾客在购买之前无法确定产品的质量，会认为低价代表低质量（价格－质量效应）；或者是因为，如果破坏已有的价格结构，竞争者会做出强烈反应。当消费者对价格极其敏感，不能采取撇脂定价策略，同时竞争者对市场份额极其敏感，不能采用渗透定价策略时，一般采用适中定价策略。

虽然与撇脂定价策略或渗透定价策略相比，适中定价策略缺乏主动进攻，但并不是说正确执行它就非常容易或一点也不重要。采用适中定价策略没有必要将价格定得与竞争者一样或者接近平均水平。从原则上讲，它甚至可以是市场上最高的或最低的价格。与撇脂价格策略和渗透价格策略类似，适中价格策略也是参考产品的经济价值决定价格的。当大多数潜在的购买者认为产品的价值与价格相当时，纵使价格很高也属适中价格。

第四节　服装价格调整

服装价格在确定以后并不是一成不变的，而是应该随经营环境的变化加以适当调整。其主要有两种调整方式：主动调整价格和被动调整价格；也有两种调整方向，即调低价格和调高价格。无论是主动还是被动调整价格，调高还是调低价格，对消费者的影响都不一定相同，营销人员应该重点关注的是消费者如何看待价格的调整并采取什么样的行动来回应价格的调整。

一、主动调价

主动调价是指企业根据市场环境和企业内部环境的变化而主动将其产品的市场价格调低或者调高。无论是调高或调低价格，都必然会对消费者、竞争者以及经销商等产生影响，甚至引起政府的关注。尤其是当生活必需品（如水、电、煤气、油、肉、粮等）的价格涨幅较大时，政府就可能出面干预。服装企业主动调价的其中一个重要原因就是对产品重新进行了市场定位，而市场定位的首要表现就是从市场价格体现出来的（图7-8）。

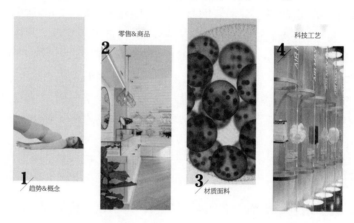

图7-8　部分影响服装行业趋势热点与未来发展方向的因素

1. 调低价格

企业主动调低价格的目的一般是刺激市场需求、扩大销售，也可能是通过降价来调低产品的市场定位。

当服装企业有了超过正常水平的库存时，除了要分析原因，积极寻找合适的销售渠道外，就应该考虑通过调低价格来增加销售、处理存货、回收资金。在同质化较为严重的服装产品的竞争中，企业也会利用价格竞争手段，通过降低价格来打击竞争者，提高自身的市场占有率。如果服装企业是将自身产品的市场定位下调，也会调低价格，同时为了保证企业的利润，企业还可能相应降低对服装产品的质量要求。

在企业降价的同时，企业一定要把握好降价的幅度、时机和方式。在降价的幅度上，要考虑产品的需求弹性的大小。如果降得太少，不足以刺激需求，如果降得过多，则会使企业利润减少，并使竞争者做出对抗的反应。在降价的时机上，企业要选择好降价的时机，避免因降价而导致消费者产生不良心理反应。一般来说，服装零售企业适合在服装产品转季前降价，在节假日客流旺盛时降价，在企业举办重大活动时降价，在市场销售不畅时先于竞争对手降价。

2. 调高价格

企业调高价格的目的是为了维持或提高利润，或者是企业要调高产品的市场定位。

造成服装企业调高价格的原因可能是：面辅料成本上升，而企业的生产效率的提高又跟不上成本增加的速度，企业为了保持原有利润而提高产品的价格。由于我国现在服装企业的产能很大，因产品供不应求而导致服装企业调高价格的现象已经很难再发生了。另外，因为市场竞争激烈，通货膨胀导致服装企业调高价格的现象也很少见。

企业在提价的同时也要掌握好提价的幅度、时机和方式。如果因为提价造成需求的大幅下降，这时企业调高价格的目的就难以实现了。企业在提价时还要尽量避免造成顾客的反感，如果能运用一些心理因素让顾客有积极的反应，就更好了。如在20世纪70年代的中国香港，由于经济不景气，在多数企业都在降价促销的时候，金利来公司反而提价出售领带。尽管当时香港经济不景气，但香港人普遍穿西装、系领带，并追求名牌，结果这种做法正好迎合了消费者"便宜无好货"的心理特点，不仅销路大畅，而且树立了品牌形象。再如富绅衬衫在旺销的时期也曾经一年两度提高销售价格，结果造成经销商在提价前大量进货。

无论是调高价格还是调低价格，企业不仅要考虑到消费者的反应，也要重视竞争者的反应。相对而言，提价对竞争者的影响较小，竞争者一般可以不予理睬，但当竞争者发现提价后会使企业的利润提高时，当然也会随之提价。而降价对竞争者的影响就较大了，竞争者会担心因此而失去自己的市场，一般会马上随之降价或采取其他促销手段加以竞争，其反应往往较为激烈。因此，企业在主动调整价格时，应进行全面的分析，不仅要想好自己调价的目的，同时也要采取相应的措施以避免竞争者过激反应而造成不利影响。

二、被动调价

被动调价是企业在竞争者先于自己调价后做出的调价反应。对于竞争者的率先调价，企业可以有两种反应：一是维持原价不变；二是随之调价。

企业要做出正确的反应，企业对于下列情况是必须了解和掌握的：

① 竞争者调价的原因和目的是什么？
② 竞争者调价的时间是临时的还是长期的？
③ 如果本企业不予理睬，会对本企业产品的销售有何影响？
④ 本企业是否有能力做出相应的反应？
⑤ 如果本企业做出反应后，竞争者和其他企业又会有什么反应？

企业掌握的资料越全面，其做出反应的正确程度越高。

当然，企业的被动调价总是落后于竞争者，在激烈的市场竞争中往往处于不利的地位。因此，企业在平时应注重市场的调查，事先对竞争者价格的调整做出预见，并事先确定各种应变的措施。同时，服装企业应加强自身的产品差异化建设，包括品牌建设，避免与竞争者进行正面的价格竞争。

第八章
服装市场销售渠道

服装销售渠道是指服装的流通渠道,是服装从生产者手中转移到消费者手中所必须经过的路线或中间环节。销售渠道畅通与否,直接关系到服装流通的速度与费用,从而影响服装企业的经济效益和服装产品的市场竞争能力。

第一节 服装市场销售渠道构成

销售渠道,也称分销渠道。20世纪美国市场营销学专家菲利普·科特勒(Philip Kotler)认为:"销售渠道是指某种货物或劳务从生产者向消费者移动时,取得这种货物或劳务所有权或帮助转移其所有权的所有企业或个人,服装市场销售渠道即服装产品由生产者到消费者的流通过程中所经历的各个环节连接起来形成的通道。"简言之,销售渠道就是商品与服务从生产者向消费者转移过程的具体通道或路径。21世纪,社会物质资料丰富,科学技术飞速发展,服装市场的销售渠道变得更加多样。选择适合的销售渠道是服装企业营销工作的重要内容之一。

一、服装销售渠道的含义及组成

1. 服装销售渠道的含义

对于大多数的服装生产企业来说,都不可能直接将产品销售给最终消费者。而是在生产者与最终消费者之间,由批发商与零售商买入商品,取得所有权后再转售出去;还有经销商、制造商代表以及销售代理人负责寻找顾客。他们是生产者和消费者之间的桥梁。因此,服装销售渠道是指服装产品从服装生产企业到达消费者手中所经过的路线。它的起点是服装生产者,终点是消费者,中间环节包括各个参与交易活动的中间商。

销售渠道不仅指商品实物形态的转移路线,还包括完成商品运动的交换结构和形式。传统上的流通规划任务,就是在适当的时间把适量产品送到适当的销售点,并以适当的陈列方式,将产品呈现在目标市场的消费者眼前,以方便消费者选购。

2. 服装销售渠道的组成

服装销售渠道由拥有产品所有权并承担相应风险的企业和作为渠道终点的消费者构成,其基本成员包括服装生产商、服装中间商、服装消费者和其他辅助商四类。

(1)服装生产商。服装生产商是指提供服装产品的生产企业,是服装销售渠道中最关键的因素。它不仅是服装销售渠道的源头和起点,而且是服装营销渠道的主要组织者和渠道创新的主要推动者。没有生产企业提供的产品,也就无所谓销售的渠道。生产企业提供的产品与市场需求的吻合程度，从根本上决定着销售渠道的效率和效益。同时，生产企业对自身产品与市场销售的关注，会促使生产企业致力于渠道的建设与管理工作，并根据市场的变化促进渠道的整合与创新。

（2）服装中间商。服装中间商指从事服装批零业务及代理业务的商业企业，包括生产企业的销售机构、批发商、代理商、零售商等。他们在销售中所承担的责任与作用以及面对的销售对象也不大相同，如生产企业的销售机构一般都直接控制着一些大型团购用户和批发商，批发商面对的是一些零售商和小型团购用户，代理商面对的是小型零售商、小型团购用户和消费者，零售商则直接面对消费者。中间商是渠道功能的重要承担者，是提高渠道效率与效益的重要因素，也是协调渠道关系的重要力量。为了增强渠道的竞争优势，生产企业在对渠道进行变革时，往往需要中间商的积极参与和密切配合，有时甚至可以由中间商来主导完成相应的工作。

（3）服装消费者。服装消费者是销售渠道的最后一个环节，也是服装产品服务的对象。许多渠道之所以会陷入困境，其中一个重要的因素就是对消费者在渠道中的地位认识不清，甚至忽视消费者的地位。因为，消费者是商品的最终购买者，是渠道服务的最终受益者，尽可能地取悦和接近消费者是渠道成功的关键。因此，在选择销售渠道时必须充分考虑消费者的地理分布、收入多少、购买特性等因素。对于厂家和商家而言，将消费者地位置于渠道网络的中心绝对是一种明智的选择。

（4）其他辅助商。辅助商是指其他一些支持渠道业务的成员，如运输公司、仓储公司、保险公司、银行、咨询公司、广告公司等。他们不直接参与商品所有权的转移，只是为商品的交换提供便利，或为提高商品交换的效率提供帮助。

二、服装销售渠道的类型

服装销售渠道可分为三类，即直接营销渠道、间接营销渠道和垂直营销渠道。

1. 直接营销渠道

直接营销渠道又称零级渠道，是指服装产品从服装生产企业流向终端消费者的过程中不经过任何中间商转手的分销通路。直接营销渠道的主要方式有网络销售、邮购、电话营销、电视直销等。

这是最简单、最短的销售通路，具有销售及时和节约费用的优点，适用于小批量或针对性强的服装产品，比如酒店职业装的生产企业直接面对某酒店服务人员。

2. 间接营销渠道

间接营销渠道又称多级通路，是指服装生产商借助中间商将服装产品传递给消费者。它是被服装生产商采用最多的一种分销模式。因为服装市场的特点是消费者分布极其分散、购买批量小、购买批次多，直销模式又要求制造商拥有强大的自有销售网络，而绝大多数服装生产商并不具备这种条件，因此必须借助中间商来销售自己的产品。一般来讲，间接服装营销渠道有如下几种类型。

（1）服装生产商→零售商→消费者。由服装生产商直接向零售店（可能是特许经营加盟店）供货，或通过自己经营的专卖店将服装产品直接出售给消费者，它属于单环节的销售渠道。

（2）服装生产商→批发商→零售商→消费者。这是一条双环节的销售渠道。批发商的出现，解决了开发远距离市场和零售商频繁、少量购货带来的不便，为服装生产商所普遍采用。

（3）服装生产商→代理商→零售商→消费者。这种销售渠道由代理商取代了批发商，代理商的主要职能是促成商品的交易，借此赚取佣金作为报酬，他们通常专注于个别服装品牌和特定消费群体。

（4）服装生产商→代理商→批发商→零售商→消费者。这是三环节的销售渠道，主要是服装生产商出口产品所采用的销售渠道。

由于服装生产商规模不一，较小的企业一般都采取最直接简单的销售通路，而较大规模的企业就要根据本企业的具体情况来选择适合自己经营特点的销售渠道。在间接营销渠道模式中，由于服装生产商和中间商是两个或多个独立的利益主体，追求各自利益最大化是其基本目标，而各主体目标之间又往往是相互约束和相互冲突的，因此，如何处理好各主体间的关系显得尤为重要。

3. 垂直营销渠道

近几十年来，商业趋于集中，特别是市场一体化趋势的发展，使传统分销渠道有了新的发展，一些联合系统式的垂直营销渠道应运而生。它是由服装生产商与批发商、零售商等中间商所组成的一种统一联合体。可能某个渠道成员拥有其他成员的产权；或者彼此间是一种特约经销关系；或者某个渠道成员拥有一定实力，其他成员愿意与之合作。这种模式既可以由服装生产商支配，也可以由中间商支配。

服装垂直营销渠道主要有以下几种。

（1）公司系统。指一家企业拥有和统一管理若干服装加工厂、批发机构、零售机构等，控制销售渠道的若干层次或是控制整个销售渠道，整合服装生产、批发和零售业务。

（2）管理系统。由一家规模大、实力强的企业（如知名服装企业）出面组织形成的分销系统，该企业经常在销售促进、库存供应、定价、服装陈列等问题上与零售商协商或予以帮助和指导。

（3）契约系统。由各自独立的企业以契约为基础形成的一种服装销售系统，又可分为特许经营系统和批发商倡办的自愿连锁。

三、服装销售的中间渠道

服装销售的中间渠道主要包括服装批发商、服装经销商、服装代理商等。各类服装中间商，就像是在服装生产商和消费者之间的一座桥梁，通过自身广泛的销售网络，把服装生产商的服装产品配送零售终端，再销售到消费者手中，同时又把市场的供求情况及时传达给服装生产商。可以说，中间商在渠道中起着重要的作用。

1. 服装批发商

服装批发商是指从服装生产商手中购买服装，再销售给零售商以赚取差价的中间商。

一般服装批发商可以分为一级批发商和二级批发商：一级批发商指的是直接从生产商处购买服装，然后到服装批发市场进行销售的批发商；二级批发商指的是从一级批发商购买服装（也可以从生产商直销处直接购买）后再分销给零售商的批发商。目前许多服装二级批发商承担着双重角色，既作为批发商面向零售网点，又作为零售商面向消费者。

一般一级批发商与服装生产商的关系较为紧密，交易也相对稳定。而二级批发商与经销商（如生产商直销处、一级批发商）的合作纯粹建立在利益基础之上，一旦某经销商对其提供的价格比别处高，或者产品的市场反应不好，他们就会毫不犹豫地从别处进货，不论他们与此经销商的合作曾是多么友好、愉快或长久。因此，二级批发商对品牌的忠诚性更是完全建立在利益基础上的。这正是有的服装品牌在经历了一段鼎盛时期后，突然消亡的原因之一，也是有些二级批发商为谋求短期超额利润而不惜经营假冒服装的原因所在。

同时，由于服装批发市场竞争激烈，不少服装批发商开始向上游或下游进行延伸，直接进入终端销售或者与生产商联合开发新品牌，以扩大自身的利润空间。

2. 服装经销商

服装经销商是指为特定的服装生产商在某个地区专门销售其服装产品的商家。经销可以分为独家经销和非独家经销两种形式。独家经销是指在一定的市场范围内（如某一个城市），生产商只选择一家中间商来经销自己的产品。非独家经销则是指在一个市场范围里有两家以上的经销商。

独家经销的好处是可以避免经销商之间的恶性竞争，从而有助于销售价格的稳定，有利于调动独家经销商的积极性，并充分利用其销售渠道。但如果独家经销商的经营能力有限，或者独家经销商凭借其独家经营的地位故意压价，就会直接影响企业的销售和利润。如果服装生产商给予独家经销商一定的销售任务，这时的独家经销亦可称之为包销。而非独家经销的优劣情况正好与独家经销相反。

3. 服装代理商

服装代理商是代理服装生产商销售服装产品，其本身并不参与购买，也不享有该产品的所有权，只是通过销售来提取佣金。经销商是买断了产品，必须自行承担产品销售不出去的风险，而代理商并不承担此风险。代理商主要分为总代理、区域与分品牌代理、总代理自己建立的省级分公司等。

在服装代理商的层次上，除设立总代理外，代理商还可以根据生产商的渠道模式，下设一级代理或区域代理并同时与终端销售商合作。这样，代理商从简单的分销转换成具有管理职能的渠道维护者，除业务管理外，代理商同时具备品牌管理、促销管理、财务管理等各项职能。因此，目前许多服装品牌是采用代理制的模式建立销售网络的。

第二节　服装销售渠道选择

服装销售渠道决策是企业面临的重要决策，企业所选择的渠道将直接影响所有其他营销决策。在选择销售渠道时，企业必须要注意服装市场营销环境的趋势变化，以长远的眼光来规划企业的销售渠道。

一、选择服装销售渠道的原则

对服装企业而言，选择最佳的销售渠道是一个相当复杂的问题，但遵循一定的原则便可以帮助企业更快更好地做出最佳销售渠道的决断。选择服装销售渠道一般遵循以下原则。

（1）畅通高效的原则。这是渠道选择的首要原则，商品流通的时间、速度、费用因素是衡量渠道效率的重要标准。流通时间短、速度快、费用低，效率就越高。

（2）适当覆盖的原则。企业在选择销售渠道时还必须考虑到目标市场的占有率问题。渠道成本过低容易导致市场占有率不足；渠道过分扩张，则容易导致目标市场不容易被掌控。

（3）稳定可控的原则。企业的销售渠道一旦确定下来，就需要花精力去保持整个渠道的相对稳定。稳定的销售渠道是渠道畅通高效和提高市场占有率的基础。而且企业的销售渠道需要具备一定的调整能力，才能适应不断变化的市场。

（4）协调平衡的原则。企业想要和中间商长期合作，就不能只顾着追求自身的利益，一定要照顾到渠道其他成员的利益。各渠道成员相互间统一、协调、有效地合作才能确保总体目标的实现。

（5）发挥优势的原则。企业在选择销售渠道时，要发挥自己各方面的优势，才能确保在竞争中处于优势地位。生产商的优势在于强调产品的开发和生产能力，中间商的优势在于强调产品终端的销售能力。

二、服装销售渠道长短的选择

服装销售渠道的长短是指服装生产商在销售产品时，经过的中间层次或环节的多少。中间层次或环节越多，渠道就越长。服装是一种日常生活用品，服装消费具有层次性、时间性，消费者地域分布广，这些特点决定了服装生产商可以根据本企业的经营特点，灵活选择长短不同的销售渠道。一般把拥有两个及两个以上中间环节的渠道称为长渠道，而把只有一个中间环节或没有中间环节的渠道称为短渠道。

在服装贸易实务中，通常有以下几种形式。一是服装生产商自设销售机构，不选用中间商。这类服装生产商的实力最强，他们通过自设销售机构，一方面可以获得丰厚的商业利润，另一方面运用自设的销售机构能更好地建立自己的品牌。二是服装生产商选用中间商分销自己品牌的服装或无品牌服装。这类服装生产商参与了服装市场的竞争。但是，他们必须将商业利润分享给中间商，而且企业产品的竞争能力容易受到中间商的控制和影响，其经营的业绩也容易受到竞争者的冲击。三是服装生产商只为中间商提供加工服务。这类企业只是一种生产型的企业，盈利能力小，容易受中间商的控制。服装生产商在选择销售渠道的长短时，主要考虑的因素是利润与风险。利润与销售费用及市场销量有关，而风险则取决于决策者的态度。另外，国家的税收政策也可能影响销售渠道的长短，如有些多环节重复征收的税种，如果减少营销环节，就可能达到减轻税负的目的。

服装生产商在以下情况时可选择长渠道：

① 生产与消费在时间上距离长，空间范围较大，如把本地生产的服装销往外地；

② 产品的消费者数量多并较为分散，如内衣、袜子（图8-1）；

③ 产品的生产或需求具有明显的季节性，如风衣（图8-2）；

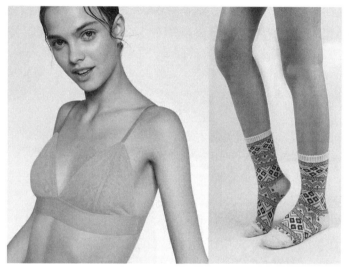

图8-1 内衣、袜子

图8-2 风衣

④ 消费者购买数量小，购买频率高，服装单价较低；

⑤ 服装不需要售中和售后服务。

服装生产商在以下情况时可选择短渠道：

① 生产与消费在时间上距离较短、空间范围较小；

② 生产商资金雄厚、技术先进，能大批量生产服装；

③ 消费者市场比较集中；

④ 消费者购买数量小，服装单价高、品种多、需求变化大，如名牌女性服装（图8-3）。

图8-3 品牌女装秀场展示

三、服装销售渠道宽窄的选择

服装销售渠道宽窄是指服装生产商选择同类中间商的数量多少及地域分布。同一层次或环节的中间商数量越多，渠道就越宽。销售渠道宽窄不同，直接影响到企业产品的销售范围、服装生产商对中间商的控制能力。服装生产商在确定销售渠道的宽窄时，有以下三种形式供选择。

1. 选择性分销

服装生产商在选择中间商时，往往只选择部分业绩良好的中间商经营本企业的服装产品，并同中间商之间建立密切联系。选择性分销，一方面，可提高中间商分销本企业产品的积极性，充分利用商业企业的声誉，扩大销路；另一方面，服装生产商容易对中间商实施控制，避免因中间商的经营行为不当而损害本企业的声誉。对于那些具有一定品位、产品服务面较窄、销量有限的时装，或受季节影响较大、顾客选择性较强的服装可采用这种分销模式。在服装营销实务中，服装生产商通常是在广泛性分销取得一定经验和数据后，逐步淘汰一部分不理想的中间商，形成选择性分销。

大多数服装产品由于流行性和季节性的特点，且消费者在购买时选择性强，比较适合采用选择性分销策略。不过需要注意以下几个问题。

① 必须对服装经销商进行选择性分类与甄别。需要考虑的主要因素有：服装生产商的目标与经销商的顾客类型的一致性；服装销售的经验与能力等。

② 为了尽可能避免经销商之间的竞争，最好在一个区域只选择一家经销商或少数几家，这样更能激励经销商的销售工作。如在某一城市中，如果出于需要确实要设立几家分销点，一定要注意不要促使其争夺客源，影响品牌的形象，应考虑企业整体利益。

③ 在采用选择性分销时，将零售商专卖店化也是一种可供选择的方法。但需要服装品牌有相当的市场号召力，不要因为专卖店的设立而影响市场效果。

④ 采用选择性分销的服装生产商，要想实现对经销商的控制，必须在商品陈列、销售方法和销售价格等方面都进行有效控制。

2. 密集分销

密集分销也称广泛分销，这种策略对经营本企业服装产品中间商的数量不作特别限制，只要能基本满足企业需求，愿意经营服装产品的中间商不管是否专门经营服装都可以利用。采用密集分销由于要尽可能利用各种类型的零售商销售服装，通常需利用专业或非专业的服装批发商才能实现。当消费者对某些服装（如普通内衣）寻求购买方便时，要求在尽可能多的商店或专柜里买到，则必须采用密集分销，因为此种情况下采取其他分销形式（如只在专卖店销售）会不利于消费者的购买。多数的服装生产商（从大中型公司到小型生产企业）都会生产这些大众性选择要求不强的服装，这就要求对不同种类的服装采取不同的销售方式，如大中型服装公司在品牌专卖的同时，也将其某些品种尽可能多地投入商场、超市或小型商店的服装柜台。当然也有企业为坚持品牌形象拒绝或部分拒绝进入一般商店。

服装生产商在建立密集分销时，应注意以下几个方面的问题。

① 对品牌没有特殊限制的普通服装产品，如普通内衣、袜子、衬衫等适宜采用密集分销策略。而流行性和季节性强，或易受消费者偏好影响的服装，采用这种分销则是不适宜的。还有一些服装生产商不愿将其主打品牌或高档服装进入一般商场。

② 如果需要利用批发商，则要适当限制批发商的数量，使服装生产商易于对批发商进行控制。在条件允许和必要时兼并批发商或建立生产商自属的批发业务，但做这种调整必须慎重。

③ 为了防止服装的积压或贬值，服装生产商应建立能从流通领域尽可能迅速地获得销售趋势的信息渠道，以便及时地根据具体情况安排、调整产品结构。如品种好销程度，颜色、款式的流行趋势等信息。

④ 当服装生产商着眼于大量销售时，应对销售商加强奖励刺激。应当指出，大多数服装品种尤其是款式要求较具选择性的品种，大量生产、销售的程度都在降低，生产批量变得越来越小，因为某一款服装大面积流行的市场情况在逐渐减少，越来越多的消费者正朝着穿着个性化方向发展，这是服装消费的潮流之一。

3. 独家分销

独家分销指服装生产商在某一特定的市场区域，选择独家分销点，规定该分销点不得经销竞争企业的产品。采用这种方式，使工贸双方利益紧密结合起来，能够加强生产商的推销工作和增强生产商对销售渠道的控制能力，提高产品信誉和商业企业的信誉。这种分销模式的缺点是任何一方失败都会使对方蒙受损失。另外，独家经销缺乏竞争，不利于促进中间商提高工作效率。对于价格昂贵的高级时装、名牌服装或具有独特功能的服装新产品可以采用这种分销模式。

四、服装中间商的选择

服装生产商在选择中间商时必须牢记的就是"建立渠道前要先找顾客，再找中间商"。在具体选择中间商时，还必须对中间商进行全面的评价。否则，就可能做出错误的选择判断，给企业带来不必要的损失。如有的中间商经常有意拖欠货款；有的中间商故意制造很多麻烦，找理由拒付货款；有的中间商的经营行为会损害服装生产商的声誉等。

另外，也不一定实力最强的中间商就是服装生产商最好的选择，因为中间商也会选择生产商，大的中间商往往经常与大的品牌合作，对于中小企业往往看不上，要求也比较高。所以，选择中间商"合适"才是最重要的。

对于新建销售渠道的服装生产商而言，因为刚进入市场，其市场管理能力相对较弱，应该尽可能地利用中间商的资源进行渠道建设。如利用省级总经销的渠道，让其自主向下游招商，先组建省级区域的销售渠道，再逐渐拓展到全国。对于已经经过几年市场运作的销售渠道，生产商则可以考虑进行渠道的调整和改善，淘汰经营不善和合作不良的中间商，拓展新的销售区域，甚至可以改变原有的渠道模式和结构，建立更为合适的渠道网络。

在选择中间商时，服装生产商必须广泛收集中间商的相关业务信息，重点可从以下几个方面对中间商进行分析和评价。

1. 影响区域

中间商的影响区域直接关系到产品分销的地区与预期销售地区是否一致。服装生产商应选择影响地区与自己目标市场一致的中间商，如目标市场在四川，就应该选择有能力覆盖西南地区的中间商。对于有能力的经销商，生产商还可以考虑鼓励其跨地区经营，弥补市场空白，待渠道结构成熟后，再重新划分区域。

2. 服务对象

服务对象指中间商顾客的多少与层次，在一定程度上反映了中间商所代表的市场潜在需求的水平。中间商的服务对象必须与服装生产商的目标市场相一致，才能保证营销渠道向目标市场的正确延伸。如果中间商已经拥有过销售同类服装的经验，则这样的中间商可以迅速打开销路。

3. 经营实力

中间商的经营实力包括资金、人员素质、过去营业状况、增长率、仓储和运输能力等。中间商实力越强，销售成功的概率也就越高。但实力强的中间商往往要价较高，对服装生产商的反控能力较强。

4. 产品政策

中间商的产品政策是指其愿意销售什么样的产品，中间商经营的产品种类和产品组合情况是其产品政策的具体体现，因为中间商可能不仅仅只销售一个生产商的产品。在选择中间商时，主要是看其经销的产品的来源和产品组合之间的关系。如果中间商同时经营多个服装生产商的服装，就要考虑产品之间的竞争关系，如果是互补品最好，如果是竞争品就要避免选择。当然，如果自己的产品有明显的竞争优势，则可以选择有经销竞争品的中间商。

5. 服务能力

中间商要有提供综合服务的能力，包括售后服务、技术指导、财务支持、储运服务等。合适的中间商所提供的综合服务项目应该与企业产品销售所需要的一致。如希望批发商有能力对零售商进行开店配货指导、促销指导等，以便促进产品的销售。

6. 财务等级

服装生产商可以运用以上各种因素，对中间商进行等级划分，以便选择和控制。如按累积订货量分类,将中间商划分为大、中、小客户;按信用等级分类,将中间商划分为好、中、差客户;按中间商同生产商之间的业务关系分类,将中间商划分为老客户和新客户。

7. 合作精神

中间商与服装生产商合作关系的好坏,直接影响到产品的销售。中间商是否全力以赴地配合生产商,对于销售的提升起着决定性作用。如果中间商愿意按照生产商的发展战略去运作整个市场,就可以加速企业的发展,促进稳定销售渠道的形成。

五、渠道决策比较与评价

服装市场销售渠道策略是在渠道比较的基础上完成的,渠道决策的比较与评价是服装生产商制定销售渠道策略的重要依据之一。对以下内容进行分析,能够帮助企业完成渠道决策的比较与评价。

1. 影响渠道决策的主要因素

分析影响渠道决策的因素能够帮助服装企业进行渠道决策的比较和评价,能让企业更好地制定服装市场销售渠道的策略,而影响渠道决策的主要因素如下。

(1)消费者特性。消费者特性包括消费者人数、地理分布、购买频率、平均购买数量等。消费者特性不同,服装企业对渠道选择的偏向也不同。例如当消费者人数多时,企业则会更倾向于利用每一层次都有许多中间商的多渠道策略。

(2)产品特性。服装产品的特性是影响渠道决策的重要因素。如易腐坏的面料材质毛纤维、纯棉等,为了避免霉变和虫蛀的风险,通常需要直接市场营销。

(3)中间商特性。中间商在执行运输、储存、送货频率及接待消费者等职能方面,都有不同的特点和要求,并且服装生产商花费在每个中间商身上的成本也有差别,所以在策划渠道决策时,一定要充分分析每个中间商的特性。

(4)生产商特性。服装生产商特性在渠道决策中扮演十分重要的角色。生产商的规模决定了其与中间商合作的能力,如规模较小的生产商一般会尽量选择能够节省部分储存、运输及融资等成本费用的中间商。另外服装企业产品组合的关联性越强,则越应使用性质相同或相似的市场营销渠道。

2. 渠道选择的标准

每一种渠道的选择都是服装生产商产品送达到最终消费者手中的可能路线。服装生产商所要解决的问题,就是从又相似又相互排斥的方案中选择最能满足企业长期发展的一种。因此,服装生产商必须对渠道选择方案进行分析,认知渠道选择应该遵循怎样的标准。渠道选择的标准有三个,即经济性标准、控制性标准和适应性标准。

(1)经济性标准。经济性标准是三个标准中最重要的标准。服装生产商追求渠道控制性与适应性的最终目的都是为了追求利润。

（2）控制性标准。中间商作为独立的机构，所关心的是自己如何取得最大利润，所以服装生产商在渠道选择的过程中一定要考虑控制性标准来保证自己及整体的利益。

（3）适应性标准。在评估各渠道选择方案时还有一项需要考虑的标准，那就是适应性标准。每个渠道方案都会因某些固定期间的承诺而失去弹性，所以服装生产商在与各渠道建立合作时一定要充分考虑到适应性标准。一个涉及长期承诺的渠道方案，只有在经济性和控制性方面都很优越的条件下，才可予以考虑。

3. 渠道决策评价

服装市场单一销售渠道策略的优势表现在生产商可以利用批发商和零售商的仓储条件，减少生产商在建立销售渠道时的成本，并且单一销售渠道策略能使生产商的资源更加集中化和专业化。但单一销售渠道策略不利于生产商适应不断发展变化的服装市场，更不利于生产商拓宽其产品的市场占有率。

服装市场多销售渠道策略的优势在于其可以为消费者提供更加细致的服务，也可以帮助服装生产商更好地适应服装市场的新要求，多销售渠道在服装生产商扩大市场占有率的过程中发挥着巨大的作用。但生产商采取多渠道销售也就意味着生产商要去了解和研究每一个可能用到的渠道，因为不同的渠道有不同的流通形式，也有不同的销售规则，多销售渠道所花费的时间、精力和成本往往更高。

第三节　服装销售渠道管理

市场营销的核心是效率，就是要以较少的资源投入获得尽可能多的产出，最大限度地满足消费者的需求。在服装生产商对销售渠道进行管理时，首要考虑的因素也是效率。对渠道的管理和控制，就是要运用科学的技术和手段，在保证完成分销目标和任务的前提下，尽可能地减少渠道中的人力、物力和财力的消耗。

一、销售渠道冲突的原因

渠道内不同层次之间、渠道内同一层次的不同成员之间以及服装生产商不同渠道之间都可能产生渠道冲突。其原因在于渠道成员对资源的需求和利益的分配，当大家都希望多分得利益、少承担任务时，冲突就产生了。冲突的原因可以归结为以下几点。

1. 主场的不同

在任何一种销售渠道之中，不同的成员总是扮演着不一样的角色。每个角色的立场可能不一致，就造成了渠道的冲突。如服装生产商总是希望中间商的毛利更低、存货更多、佣金更少、促销投入更大，而中间商则希望生产商价格更低、发货更快、佣金更高、促销品支持更多等，立场不同，产生冲突也就难免了。

2. 利益的驱动

利益最大化往往是渠道各成员追逐的主要目标之一，如某中间商同时经营多个品牌的服装产品，其追求的是整体利润的最大化，而其中每个品牌都希望自己的利润达到最大化，这很容易造成服装生产商与中间商的冲突。还有的生产商在产品上市初期利用当地中间商的销售网络进入市场，当产品销量达到一定量的时候，生产商为了获得更多的利润就在这些地区设立分公司、办事处，甚至直接派遣销售队伍进行终端的销售，中间商对于这种行为必然会进行反击。另外，当同一渠道层次中有多个成员时，各个渠道成员也会因为各自的利益产生冲突，进而会给整个渠道造成不良的影响。

3. 资源的有限

由于每个企业的资源都是有限的，而服装生产商和中间商都希望能利用对方更多的资源，在多渠道经营中，每一渠道也总是希望占有更多的资源，由此也会产生新的渠道冲突。如有的生产商为了开拓新的市场，对个别中间商采取了更为优惠的政策，但生产商的资源能力不足以对所有中间商采取同样的优惠政策，而个别中间商为了争夺更多的市场份额，于是可能就产生了窜货的冲突。

4. 沟通的不畅

由于沟通的不畅，渠道成员之间可能对渠道中发生的一些问题存在不同的看法，当渠道成员对如何解决他们之间存在的问题持不同的意见和主张时，如果不能及时沟通，冲突就有可能发生。这就需要渠道成员经常保持沟通渠道的畅通，对当前状况的认识、对市场未来发展方向的预测和将要进行的抉择及时交换意见，加深相互了解，统一思想，秉持共同做好整个市场、利益共享、风险共担的原则，避免冲突。

二、销售渠道的评价

对一个渠道进行综合评价时，着重应该分析通过该渠道流往消费者手中的商品流量和回收资金的现金流量。

1. 商品流量评价

渠道的基本任务就是把商品转移到目标消费者手中，反映渠道效率的一个重要指标就是由该渠道流往消费者手中商品的数量。具体的评价指标可以采用年销售量或月销售量。销售量越大，通过该渠道来满足的消费者就越多，该渠道的贡献也就越大。

在用销售量来评价渠道的效率时，还需要从历史、同行比较、计划、波动性及趋势等方面进行认真分析，相应的主要评价指标包括销售增长率、市场占有率、计划执行率、平均误差以及销售趋势等。

2. 现金流量评价

渠道本身就是一系列销售环节的组合，其实现的就是把商品变成货币的过程。因此，评价销售渠道的另一个重要指标就是该渠道实现的现金流量，或称为净收入，具体主要包括总销售额、销售费用、销售利润率等指标。

3. 中间商评价

由于中间商所承担的分销功能差异较大，除了前面所讲的商品流量和现金流量的评价指标外，对中间商的评价一般还应包括合作态度、回款速度、库存水平、终端的数量、网络的覆盖面、提供的服务、促销的配合程度、顾客投诉的处理能力等。

三、中间商的管理

生产商销售网是否得力，是否能取得较高的市场占有率和创造较佳的产品形象，很大程度上取决于中间商推销本企业产品的热心程度和努力程度。争取中间商，维持老客户，控制中间商的经营行为，消除不利因素，将是市场营销机构的一项重要任务。同时，加强对中间商的管理有助于增强中间商的品牌意识，可以从渠道上推动品牌的发展。

对中间商渠道的管理工作，主要包括以下几个方面的内容。

1. 选择中间商

前面已经提到在选择中间商方面，服装生产商要根据中间商的影响区域、服务对象、经营实力、产品政策、服务能力、财务等级、合作精神等方面进行全面考核。此外，中间商对品牌发展前景的看法和态度，也会直接影响到中间商对品牌经营的持续再投入问题。

2. 培训中间商

对中间商进行培训是服装生产商加强对中间商的管理、树立品牌形象、减少渠道冲突的重要手段。生产商不定期的组织中间商对其业务人员进行专业培训，可以提高中间商的销售水平和服务水平。培训内容包括企业文化、品牌形象、管理制度、卖场陈列、销售技巧等。

3. 评价中间商

对中间商的评价除了商品流量和现金流量的评价指标外，还包括合作态度、回款速度、库存水平、终端的数量、网络的覆盖面、提供的服务、促销的配合程度、顾客投诉的处理能力等。服装生产商可以通过多元化的指标对经销商进行全方位的评价。

4. 激励中间商

激励中间商可以通过物质手段及精神手段来调动中间商的积极性。如通过加大返利和规范市场等措施来提高中间商的利润水平，加大品牌建设的投入力度，不定期组织各种规格和层次的培训与考察，对优秀中间商颁发荣誉证书及奖金等。

5. 参与中间商的管理工作

如今服装生产商与中间商的关系已经不是像过去生产商把产品交给经销商以后，由经销商去运作市场，然后把货款支付给生产商就行了，而是一种伙伴式的更密切的合作关系。因此，生产商有必要在以下环节，与中间商共同完成管理工作。

（1）销售计划及销售政策的制定。中间商的销售计划是由生产商主持，各种中间商参与联手制定的。在销售政策的制定上，也是由生产商主持制定，中间商参与，但区域销售经理要征求当地经销商对于企业销售政策的看法，在此基础上制定这个区域市场的销售政策。

（2）库存管理。在库存管理方面主要由中间商主持，生产商给予协助。中间商需要缴纳风险保证金，对仓库存储配件进行管理，中间商要拥有自己的仓库，并提供与仓储相关的服务。

（3）零售覆盖与支持。在零售覆盖方面由中间商主持，生产商配合参与，中间商要带领自己的业务队伍将产品分销给零售商；在零售商支持方面，由中间商主持，生产商参与，由中间商向零售商提供物质条件。

（4）产品分销。在产品分销方面由中间商主持，生产商参与，中间商拥有自己的销售队伍，并通过销售队伍将产品分销给零售商，企业派人给中间商提供协助，协助中间商分销。

（5）产品促销。在促销方面，由中间商主持，生产商负责执行。生产商在企业战略的指导下，确保促销和广告宣传表现手法及风格的统一性，即要求中间商执行其制定的广告宣传方案。在促销支持方面，由中间商主持，生产商参与。

（6）售后服务。在售后服务方面，由中间商主持，生产商配合参与。生产商提供配件辅料、售后服务和制定售后服务制度，中间商在生产商的指导下主持售后服务工作。

四、销售渠道的物流管理

服装市场营销不仅意味着发掘并刺激消费者或用户的需求和欲望，而且还意味着需要适时、适地、适量地提供产品给消费者或用户，从而满足其需求和欲望，为此要进行服装商品的仓储和运输，即进行物流管理。企业制定正确的物流策略，对于降低成本费用，增强竞争实力，提供优质服务，促进和便利顾客购买，提高服装企业效益具有重要的意义。

1. 服装物流管理的内涵及意义

生产者和消费者的分离，造成了生产与消费在时间上和空间上的背离，导致了社会生产与社会消费的矛盾。为解决这些矛盾，满足消费需要，必须在商品交换的同时，提供商品的时间效用和地点效用。于是，便出现了与商品交换密切相关的物流概念。

物流是指通过有效地安排商品的仓储、管理和转移，使商品在需要的时间到达需要的地点的经营活动。物流管理是指产品从起点到最终使用点或消费点的实体移动的规划与执行，并在取得一定利润的前提下，满足顾客的需求。物流管理包括运输、仓储、存货、包装、管理、订单处理等。

物流的经济效果对社会再生产全过程的经济效果有着重大影响，这是因为，物流的费用在产品成本中占有相当大的比例。西方一些国家的分析表明，在商品成本中，实物流通费用一般占10%~30%。这样看来，单纯注重生产、加工过程的效果是不够的，还必须重视研究实物流通的经济效果，即必须通过采用现代化的流通设施和经营管理方法，挖掘物流的潜力以求得信息灵敏、周转加快、效果提高、渠道畅通、费用降低、经济合理的综合效果，使物流成为"第三利润源泉"。

2. 服装物流管理的目标

对于服装企业来说，其物流管理要实现快速反应、最低成本、最小变异、最低库存、最高质量等功能目标。

（1）快速反应。由于服装产品生命周期短，以及消费者对服装的需求呈多样化、个性化、动态化和服务化，再加上服装产品在短时间内市场流通的产品种类变化较大，服装市场的可预测性大大降低。因此，快速反应能力直接关系到服装企业是否能及时满足客户的服务需求。利用信息技术，可以提高服装企业在最近的可能时间内完成物流作业和尽快交付所需存货的能力，减少传统上按预期的客户需求过度储备存货的情况。因此可以说，快速响应的目标是把作业的重点从根据预测和对存货储备的预期，转移到对客户需求做出快速响应方面上来。

（2）最低成本。无论对于企业还是国家来说，物流成本都不是一个小数目。而且，所有的物流活动都能变成成本加以掌握。成本能切实反映活动实态，而且可以成为评价所有活动的共同尺度。纺织服装业正在从劳动密集型向资金和技术密集型转变，而物流又素来被称为"经济的黑暗大陆"，因此，如果纺织服装企业意识不到物流成本的影响，那么其结果可想而知。而一旦物流发挥了巨大的作用，它将会给企业带来丰厚的利润。

（3）最小变异。变异是指破坏系统表现的任何意想不到的事件，它可以产生于任何一个领域的物流作业，诸如客户收到订货的期望时间被延迟、制造中发生意想不到的损坏、货物到达客户所在地时发现受损，或者把货物交付到不正确的地点，所有这一切都将使物流作业出现问题，对此，必须予以解决。物流系统的所有作业领域都容易遭受潜在的变异，减少变异的可能性关系到内部作业和外部作业。传统解决变异的办法是建立安全储备存货或使用高成本的溢价运输。当前，考虑到这类实践的费用和相关风险，它已被信息技术的利用所取代，以实现积极的物流控制。在某种程度上，变异已可减少至最低限度，从而确保不断提高物流生产率。因此，整个物流表现的基本目标是要使变异减少到最低限度。

（4）最低库存。最低库存的目标涉及资产负担和相关的周转速度。在企业物流系统设计中由于存货所占用的资金是企业物流作业中最大的经济负担，在保证供应的前提下提高周转率，就意味着存货占用的资金得到了有效的利用。因此，保持最低库存的目标是要把存货配置减少到与客户服务目标相一致的最低水平，以实现最低的物流总成本。"零库存"是服装企业物流管理的理想目标,而伴随着"零库存"目标的接近与实现,物流作业的其他缺陷也会显露出来,所以服装企业物流系统设计必须将库存占用和库存周转速度作为重点来进行控制。

在服装行业,由于服装市场受消费者需求的波动变化影响较大,因此市场的基本需求可以采用规模生产,而波动需求可以采用订单生产以尽可能降低库存带来的风险。

(5)最高质量。物流是发展和维持全面质量管理的主要组成部分,物流的一个重要目标是质量的不断提高。当质量不合格时,像物流这样的典型服务就会被否定,就必须重新做一遍。物流本身必须履行一定的质量标准。物流质量管理是指以全面质量管理的思想,运用科学的管理方法和手段,对物质过程的质量及其影响因素进行计划、控制,使物流质量不断得以改善和提高。物流的质量管理是企业物流管理的重要组成部分。

物流质量的内涵丰富,主要包括以下内容。

① 商品质量。商品质量指商品运送过程中对商品原有质量(数量、形状、性能等)的保证,尽量避免破损,现代物流由于采用流通加工等手段,可以改善和提高商品质量。

② 物流服务质量。物流服务质量指物流企业对用户提供服务,使用户得到满意。如现在许多第三方物流公司都采用GPS(全球定位系统),能使客户对货物的运送情况进行随时跟踪。由于信息和物流设施的不断改善,企业对客户的服务质量必然不断提高。

③ 物流工作质量。物流工作质量是指物流服务各环节、各工种、各岗位具体的工作质量。这是相对于企业内部而言的,是在一定的标准下的物流质量的内部控制(图8-4)。

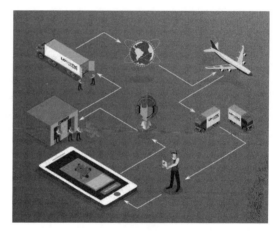

图8-4 物流

④ 物流工程质量。物流工程质量是指把物流质量体系作为一个系统来考察,用系统论的观点和方法,对影响物流质量的诸要素进行分析、计划,并进行有效控制。这些因素主要包括人的因素、体制因素、设备因素、工艺方法因素、计量与测试因素以及环境因素等。

因此,物流质量管理与一般商品质量管理的主要区别在于:它一方面要满足生产者的要求,使其产品能及时准确地送达给用户;另一方面要满足用户的要求,即按用户要求将其所需的商品送交,并使两者在经济效益上一致。

3. 服装物流管理的内容

服装物流管理包括以下主要方面。

(1)合同和订单管理。合同和订单是服装企业经营规划的依据,应准确按照市场需求预测订单数量、库存物料状况,组织货源并按期完成生产加工,及时交货。同时,要根据服装企业历年的订单综合分析与预测市场信息以及顾客特征。

(2)仓储管理。仓储管理就是对仓库和仓库内的面辅料、在制品和制成品进行的计划、组织、控制和协调过程。

（3）运输管理。运输管理中包括运输方式的选择、路径和网络的选择以及决定依靠内部运输还是外部资源三方面。

（4）库存管理。由于服装产品的季节性和流行性非常明显，而服装企业的生产能力却是相对稳定和有限的，因此，为了解决供需之间的不协调，便需要通过建立库存的方法来平衡供需之间的矛盾。在淡季的时候维持正常生产，建立库存，以备旺季之需。当顾客需要时，以现货或调度的方式满足增加的顾客需求，适应市场变化。同时，服装企业为了降低企业经营成本，常常借助于规模效益的方法，其结果必然导致在生产和流通的各个环节产生库存。

假定某商场销售某一款式的羽绒服，销售季节从每年的11月到次年的2月。假设商场在销售季节来临之前，就从厂商那里直接购进整个季节所需的产品。要提高产品供给水平，商场就需要增加采购量。高水平的产品供给水平虽然可以满足更多的顾客要求，但也很可能增加销售季节结束时产品的积压。相反，如果降低客户服务水平，销售季节结束时产品的积压会减少，但很可能会由于缺货而使顾客流失，从而造成损失。所谓积压成本（Cost of Overstocking）指销售季节结束时每件未出售产品所造成的经济损失。缺货成本（Cost of Understocking）指由于没有存货而失去的每个销售机会所造成的损失，包括当前的利润损失以及在未来由于失去回头客而造成的损失。二者是影响最佳客户服务水平的两个主要因素。因此，在决定适宜的客户服务水平时，商场必须在由产品积压而导致的经济损失与因缺货而导致的经济损失之间进行权衡。总之，服装企业和零售部门必须根据市场需求和市场预测来确定合适的库存水平。

第九章
服装市场促销策划

现代市场营销不仅要求服装企业提供满足顾客需要的产品，制定有吸引力的价格，选择适当的销售渠道，而且还要把服装产品的优点告诉顾客，在顾客的心目中树立起该产品的形象。在现代市场营销活动中，每一个服装企业都扮演着信息传播者和促销者的角色。促销策略是服装企业市场营销的重要组成部分，促销在现代营销中的作用越来越重要。

第一节　服装促销概述

服装促销是指服装企业利用各种有效的方法和手段，使消费者了解和注意企业的产品、激发消费者的购买欲望，并促使其实现最终的购买行为。

促销策略是服装企业市场营销的一个重要策略，服装企业主要通过人员推销、广告、营业推广等活动把有关产品的信息传递给消费者，激发消费者的需求，甚至创造消费者对产品的新需求。通过这样的策略，向企业外部传递信息，与中间商、消费者及各种不同的社会公众进行沟通，树立良好的产品形象和企业形象，使消费者最终认可企业的产品，实现企业的营销目标。

一、服装促销

促销（Promotion）是促进产品销售的简称，它有广义和狭义两层含义。广义的促销是指企业运用各种沟通方式、手段，向消费者传递商品（服务）与企业信息，实现双向沟通，使消费者对企业及其商品（服务）产生兴趣、好感与信任，进而做出购买决策的活动。它与产品（Product）策略、价格（Price）策略、渠道（Place）策略、公共关系（Public relationship）策略、政治权力（Political Power）策略并称为6Ps策略，主要方式包括人员推销、广告、营业推广和公共关系。狭义的促销则单指营业推广，也称销售促进，是指在广告、人员推销、公关宣传之外所做的一切能刺激顾客购买或经销商交易的行销活动，包括消费者促销、通路促销、业务人员促销（激励）。

1. 服装促销的要素

（1）促销主体。促销主体就是主动开展营销活动的组织或个人，即服装企业或经销商等。

（2）促销客体。促销客体即促销活动的对象，是促销活动信息传递的受众，也是企业的目标市场及消费者。

（3）促销内容。促销内容是服装企业通过促销活动向消费者推广、介绍和传递沟通的信息内容。它可以是企业的信息，也可以是产品、服务或构思的信息。

（4）促销目的。促销的目的是通过信息沟通赢得信任、诱导需求、影响欲望、促进购买。

主要包括：新品上市，吸引消费者；打击对手，提升优势；争夺消费者，拓展市场；让利消费者，增加销量；创造竞争优势，延长产品生命；回馈消费者，提升品牌价值。

服装促销不仅仅是要提升眼前的销量，更重要的是通过促销提升消费者对品牌的认知度和忠诚度，提升品牌价值，实现销量的持续增长。

（5）促销方式。促销的方式是企业向消费者传播、沟通信息的媒介。促销的方式大致分为人员促销和非人员促销两类。人员促销，也就是人员推销，是企业运用推销人员与消费者面对面接触、交流，以此来传递信息、推销商品或服务、促成消费者购买行为的一种促销活动。非人员促销是企业通过一定的媒体传递产品或服务的有关信息，以促使消费者产生购买欲望、实施购买行为的一系列促销活动，包括广告、公共关系和营业推广等方式。

2. 服装促销的主要作用

① 扩大企业及其产品的影响，提高知名度。通过促销活动，企业不断与社会交流信息，加深公众对企业及其产品的印象，提高声誉，进而推动企业的经营发展。产品的特殊优势是企业争夺消费者、取得竞争胜利的关键。在大量的商品中，消费者难以辨别或察觉同类产品的细微差别，企业通过各种促销方式，帮助消费者在面对大量同类产品中识别本企业产品的优势，从而建立起本企业产品的良好形象。

② 创造需求，争取潜在顾客。通过促销向消费者介绍产品，不仅可以诱导需求、唤起需求，而且还可以创造需求、恢复需求，从而增加市场需求量。尤其当企业面对一定时期内的销售额上下波动时，可以通过有针对性地开展各种促销活动，使更多的消费者熟悉和信任本企业的产品，并形成品牌偏好或成为忠实型购买者，从而稳定和扩大企业的市场份额，巩固市场地位。

③ 激发顾客的购买欲望，帮助顾客做出正确的购买决策（图9-1）。消费者的购买行为具有可诱导性，扩大产品需求，往往受各种外界环境和企业促销宣传的影响。在市场上同类产品竞争激烈的情况下，企业通过促销活动，宣传本企业产品的优点和特点，帮助顾客鉴别产品，激发顾客的兴趣，使之做出正确的购买决策。

④ 保持顾客，培养顾客对企业产品的偏爱感和依赖感。在市场上，由于各种因素的影响，当产品的销售量出现较大幅度的下降时，企业可以通过促销活动，提高消费者对本产品的信任感，从而稳定销售，使企业和消费者之间形成良好、稳定的协作关系。

二、服装促销组合

所谓服装促销组合，是一种组织促销活动的策略思路，主张服装企业运用广告促销、人员推销、营业

图9-1 服装产品广告

推广、公关关系四种基本促销方式组合成一个策略系统，使服装企业的全部促销活动互相配合、协调一致，最大限度地发挥整体效果，从而顺利实现企业目标。

善于经营的服装企业，不仅要努力开发适销对路的产品，制定具有竞争力的价格和选择合理的分销渠道，而且要及时有效地将产品或劳务的信息传送给目标顾客，联系生产者、经营者与消费者，激发消费者或客户的欲望和兴趣，进而满足其需求，促使其实现购买行为。

服装促销组合体现了现代市场营销理论的核心思想——整体营销。促销组合是一种系统化的整体策略，四种基本促销方式构成了这一整体策略的四个子系统。每个子系统都包括了一些可变因素，即具体的促销手段或工具，某一因素的改变意味着组合关系的变化，也就意味着一个新的促销策略。

1. 基本促销方式

以下为四种基本促销方式。

（1）广告促销。广告促销指企业按照一定的预算方式，支付一定数额的费用，通过不同的媒体对产品进行广泛宣传，促进产品销售的传播活动。

（2）人员推销。人员推销指企业派出推销人员或委托推销人员，直接与消费者接触，向目标顾客进行产品介绍、推广，促进销售的沟通活动。

（3）营业推广。营业推广指企业为刺激消费者购买，由一系列具有短期诱导性的营业方法组成的沟通活动。

（4）公共关系促销。公共关系指企业通过开展公共关系活动或通过第三方在各种传播媒体上宣传企业形象，促进与内部员工、外部公众良好关系的沟通活动。

当然，随着服装营销理论和实践的不断进步，促销的方式也在不断地更新和变化。如企业赞助，这是企业广告和公关相结合的一种新的促销方式，企业赞助的范围也很广泛，它在企业促销中起着越来越重要的作用。企业赞助最主要的支出是在体育类项目上，还包括慈善和艺术活动、巡回音乐会、电影以及节日庆典和展览会之类的年度活动。

2. 影响促销组合策略的因素

鉴于促销方式各有不同的特点，且适用于不同的对象，因此，服装企业在进行促销活动时就要根据企业的营销目标和服装产品的特点，有针对性地进行选择。企业应综合考虑促销目标、产品的性质、产品的生命周期、市场特点、促销费用等因素来选择合适的促销形式，制定相应策略。影响促销组合策略的因素包括以下几个方面。

（1）促销目标。恰当的促销目标可以提高促销的效果。促销的最终目标是扩大企业产品的销售。具体来说，包括向消费者发布服装产品信息，提高企业产品的知名度；向消费者宣传本产品的优点，激发消费者对企业产品的好感；引导消费者重复购买，以便企业能够牢固占领市场；在消费者心目中树立起企业的良好形象。针对不同的促销目标，服装企业可选用不同的促销组合。

（2）服装产品的性质。不同种类和性质的服装产品，购买者不同，对产品的要求也不同，所以需要采用不同的促销方式。对于大众化的服装产品来说，购买的人数较多、分布面广，服装产品的使用也比较简便，较多地使用广告，效果会十分显著，同时可辅以销售促进。

（3）服装产品的生命周期。服装产品所处的生命周期阶段不同，促销的目标也不相同，因而促销组合也不同。当产品处于投入期时，促销目标是使消费者了解和认识该种新产品，所以应采取大规模的广告促销活动，吸引消费者的注意力，提高产品知名度。当产品处于成长期时，产品的销售量迅速增长，促销目标是进一步引起消费者的购买兴趣，激发其购买行为，此时促销方式仍以广告为主，但要改变广告的内容，重点是宣传服装产品的优点，以使消费者对该服装产品产生偏好。当产品处于成熟期时，促销的目标主要是巩固老顾客，增加消费者对企业产品的信任程度，保持市场占有率。因此，应尽可能多地运用公共关系进行宣传，以提高服装企业和产品的知名度；同时也可采用提醒性广告，加深消费者对服装产品的印象。当产品处于衰退期时，促销的目标主要是使一些老顾客继续购买本企业的产品。在此阶段，应逐步减少促销投入，不宜在广告上花费太多，宜采用营业推广方式，增加消费者信任，维持尽可能多的销售量。

（4）市场的性质。不同特点的市场需要采用不同的促销方式。一般说来，市场范围小，买主在地理位置上比较集中，应以营业推广为主；市场范围较大，顾客分散，购买次数多，应以广告为主。

（5）促销费用。促销费用是影响服装企业促销组合运用的决定性因素。服装企业在考虑促销组合时，必须从自身能力出发，采取不同的促销组合方式。一般来说，广告宣传的费用较高，营业推广和公共关系促销的费用相对较低。许多中小服装企业的财力有限，销售范围不广，一般不宜大规模采用广告宣传，营业推广应为首选。任何企业的促销费用都是有限的，企业应该在有限的资金内选择适宜的促销组合方式，从而发挥最大的促销效果。

总之，任何促销方式的运用都是有条件的，企业必须根据自己的需要来选择适当的促销组合，以适应不同经营目标和市场营销环境。

第二节　服装的销售促进

销售促进能加速新产品进入市场的进程，适当的促销活动常会增加消费者的兴趣，增加销售量，同时能带动相关产品的销售。销售促进对中间商而言，有利于销售利润的提高；对消费者而言，销售促进使其切实受益，可提高顾客的满意度。同时，销售促进也可作为一种防御性的营销策略，用于抵制竞争对手的侵犯，保持自己的市场占有率。

一、销售促进的含义及特点

从广义上讲，销售促进和促销（促进销售）是同义语。这里是指狭义的销售促进，即是指企业在某一目标市场中所采用的能够迅速刺激需求、鼓励购买企业的产品或服务的促销措施。

美国市场营销协会委员会将销售促进定义为"除了人员推销、广告、公共关系以外的、刺激消费者购买和经销商效益的各种市场营销活动。例如，陈列、演出、展示会、示范表演以及其他推销努力"（图9-2）。销售促进的特征在于它是战术性的营销工具，而非战略性的措施。销售促进的关键因素是短期激励，并且是刺激消费者购买行为的直接诱因。

图9-2　功能性服装展示

销售促进是服装企业开拓和占领市场的一种强有力的武器。近年来，西方国家企业用于销售促进的开支迅速增长，超过了广告开支的增长速度，销售促进经费在整个营销预算中的比重也在提高。销售促进的作用主要表现在以下几个方面。

① 扩大产品的市场份额。有效的销售促进能够迅速引起广大消费者的注意，具有较强的吸引力和诱惑力，可在短期内增加产品的销售量。

② 销售促进的手段灵活多样。消费者对某种措施的兴趣往往比较短暂，一旦兴趣过去，该措施即失去效用。企业可以不断地变换销售促进手段，做到花样不断翻新，以不断刺激消费者，促使其产生新的兴趣和需求。

③ 使企业在竞争中处于有利地位。

④ 当竞争对手大规模地发起促销活动时，企业如果不及时采取有效措施，就可能丧失已有的市场份额，在市场竞争中处于不利的地位。因此，在市场竞争中销售促进可以作为一种防御性的营销措施，以保持本企业的市场占有率。

⑤ 加速服装新产品的市场进程。

⑥ 在服装新产品进入市场之初，消费者对其特点和功能还不十分了解，这时可采用有奖销售、赠送优惠券等方式鼓励消费者购买，以加快服装新产品进入市场的进程，使服装产品在短期内就能被更多的消费者了解并购买。

⑦ 销售促进的措施一般都有一定的针对性，短期内会取得良好的效果。但运用不当，也会产生消极作用。如果企业频繁地使用一些销售促进手段，会使消费者对服装产品质量、价格、服务等方面产生怀疑，从而达不到预期的促销目的。事实上，理智的消费者已经开始习惯于传统的销售促进手段。因此，越来越多的服装企业正在寻找更加戏剧性、更加吸引消费者的销售促进手段，以扩大企业服装产品的销售量。

二、销售促进的分类

根据销售促进的对象不同，可以将其划分为三大类：对消费者促销、对经销商促销和对销售员促销。而每一大类又可以分别归纳出更为详细的销售促进具体做法。

1. 对消费者促销

这一类促销活动的对象是消费者，也是最终购买者，因此是最直接的促销方式，使用频率也很高，其中主要包括以下八种手段。

（1）赠寄代价券。指用邮寄或在商品包装中附赠小面额的代价券，持券人可凭券在购买某种商品时得到优惠。

（2）价格折扣。指直接采用降价或折扣的方式招徕顾客，包括廉价包装和降价招贴。

（3）商业贴花。指消费者每购买单位商品就可以获得一张贴花，若筹集到一定数量的贴花就可以换取某种商品或奖品。

（4）赠送样品。即以实物赠送给消费者，使消费者了解、接受产品的内容。

（5）发放奖品。有两种类型：一种是顾客用购买凭证如发票去换取奖品；另一种是将奖品与产品一起包装，通过消费者购买行为来到达他们手中。

（6）附加赠送。指按消费者购买商品金额比例附加赠送同类商品。

（7）竞赛或抽奖活动。即通过竞赛或抽奖活动，将奖品发给优胜者，吸引消费者。

（8）买点促销。又叫POP广告，即放置于店面的广告物，例如放在架子上的小卡片、小册子，或竖在门口的大型夸张物件，或悬挂在天花板上的标语等。

2. 对经销商促销

把产品卖给消费者的是经销商，所以对于制造商而言，对经销商促销，提高他们的积极性，也是非常必要的，主要有以下六种形式。

（1）广告技术合作。即通过合作和协助方式，赢得经销商的好感，促使他们更好地推销企业产品。如与经销商合做广告，提供详细的产品技术宣传资料，帮助经销商培训销售技术人员，以及帮助经销商建立有效的管理制度，协助店面装潢设计等。

（2）业务会议和贸易展览。指邀请经销商参加定期举办的行业年会、技术交流会、产品展销会等，以此传递产品信息，加强双向沟通。

（3）现场演示。指生产商安排经销商对企业产品进行特殊的现场表演（图9-3）或示范及提供咨询服务，表演者由生产商培训过的代表担任，代表生产商形象。

图 9-3 服装秀场展示

（4）交易推广。指通过折扣或赠品形式来促销和促进与经销商的合作。

（5）经销商竞赛。与对消费者促销中的竞赛活动不同，它是指生产商采用现金、实物或旅游等形式来刺激经销商以达到促销目的。

（6）企业刊物的发行。这是生产商定期对经销商传达信息、保持联系的一种有效做法。

3. 对销售员的促销

上面两大类促销都是针对企业外界的，第三类是企业内部的促销，其目的是建立员工的意识，而不是指对企业内部的销售，包括销售员培训和竞赛。

（1）销售员培训。目的在于加强销售员的知识、技能、态度等。以集体培训方式来说，典型的做法有以下几种：①课堂讲授；②集体讨论；③个案研究；④角色扮演等。

（2）销售员竞赛。指以销售员的销售金额、新开拓客户数目、总利润额以及各种评估结果，促使销售员彼此竞赛，对于表现优良者给予表扬和发给奖品。

以上销售促进方式是企业采用的主要形式。它们各有利弊，企业通常针对需要解决的问题，将这些方式组织起来使用，并结合广告、人员推销、公共关系等方式，取长补短，发挥综合效果。

三、实施销售促进策略

销售促进是企业以较少的支出获取较大收入的一种销售策略，企业在制定销售促进策略时，必须进行认真规划，一般包括下列几个步骤。

1. 确定销售促进的目标和对象

企业应根据目标市场的特点和整体策略来确定促销目标,对于消费者个人、中间商,企业应当区别对待,短期目标必须与长期目标相结合。各种销售促进手段对于不同对象的作用是有很大差异的,一般来说,销售促进的对象主要是那些"随意型"顾客和价格敏感度高的消费者,对于已养成固定习惯的老顾客,销售促进的作用不是很大。

2. 确定销售促进的规模和水平

销售促进要有一定的范围,这一点决定了销售促进的效果,因为销售促进的规模越大,费用也就越高。在一定范围内,费用所产生的推销效果是显著的,但是超过了这个规律,费用所产生的推销效果就会降低,甚至得不偿失。因此,企业必须找出规模、费用与效果的关系,确定刺激强度与销售量的比例关系,选择合适的推广规模,争取最佳的促销效果。

3. 选择销售促进方式

销售促进方式很多,为达成销售促进目标,企业必须根据市场需求、竞争状况,选择有效的销售促进方式。比如,销售促进是为了抵制竞争者的促销,可采用折扣价格;若产品质量优异,为了争夺顾客,可采用现场表演等方式。

4. 确定销售促进的期限

销售促进是一种短暂性措施,所以实行各种销售促进方式都应当是有期限的,而且期限长短要适度,如果持续时间过短,会使顾客来不及接受销售促进的好处而影响促销效果;如果持续时间过长,又会使顾客对商品失去信心,或者习以为常,失去刺激需求的作用。所以,一定要利用最佳的市场机会,确定恰当的持续时间,既要有"欲购从速"的吸引力,又要避免草率从事。

5. 测算销售促进的费用

销售促进的预算可以用三种方法来测算:一是参照上期费用来确定当期预算,这种方法简便易行,但必须估计到各种情况的变化;二是比例法,即根据占总促销费用的比例来确定销售促进的费用,再将预算分配到每个促销项目,在实施中,各项目所占的比例必须根据情况灵活决定;三是总和法,这种方法与比例法相反,先确定销售促进的项目费用,再相加得总预算,其中,各销售促进项目的费用包括优惠成本(如样品成本)和实施成本(如邮寄费)两个部分。

6. 执行和控制销售促进的方案

销售促进的目标、规模、方式、期限以及费用预算等经过周密计划后,就要组织和实施销售促进方案了。在执行中,一方面要控制活动过程沿目标前进,另一方面要及时反馈信息,修正方案。

7. 评估销售促进的效果

企业为了控制、调整销售促进的实施效果,必须进行效果评估,常用的方法是通过测定和比较销售促进活动开展前后销售额的变化情况,来评估销售促进的效果。

第三节 服装市场促销方式

服装是一种具有特殊功能和高附加值(如社会价值、文化价值、美学价值、象征价值等)的商品,具有流行周期短,款式变化快,市场定位严格、细致的特点,其感知手段主要依靠视觉,其次为触觉,这些特征决定了服装营销需要各种有别于其他行业的促销手段。

一、服装广告促销

随着经济全球化和市场经济的迅速发展,服装广告作为企业营销组合中的一个重要组成部分,在企业促销战略中发挥着越来越重要的作用。

1. 服装广告促销的含义

广告促销是营销策划人员设计并执行的一套完整的营销方案。服装广告促销是指服装企业通过向目标消费者投放广告进行服装产品的宣传和推广,引导消费者购买产品,从而扩大产品的销售,提高企业的知名度、美誉度和影响力的活动(图9-4)。广告包括商业广告和非商业

图9-4 服装产品宣传

广告，营销学中所研究的广告是指商业广告，即以盈利为目的的广告。

2. 服装企业的广告类型

（1）服装产品广告。服装产品广告的重点是传播服装产品信息，如介绍服装性能、特点、效用等，以提高消费者对产品的认知程度（图9-5）。

（2）服装企业广告。服装企业广告的重点是传播服装企业的信息，通过介绍企业理念、宗旨、概况等，使其品牌获得消费者的认同。

（3）公益广告。服装企业的公益广告不是为了盈利，而是以提升企业形象为目的。服装企业的公益广告在增强公众对公益事业关注度的同时，也把企业乐于奉献、关心社会的良好形象根植于公众心中（图9-6）。

图9-5　泳装广告

图9-6　环保公益广告

3. 服装广告策划的目的

（1）提升服装企业及其产品的知名度。向消费者传递产品信息的过程是提升企业及其服装产品知名度的过程。服装广告的基础作用就是介绍服装产品的信息，使消费者能够更加直观地了解服装产品的属性、功能、特点、价格、购买方式等。消费者在购买服装产品前，需要了解一定量的产品信息以便做出正确的决策，而服装广告恰恰是消费者取得服装产品信息的重要途径。但对处于发展初期的服装企业来说，一般需要在一段较长的时间内连续打广告，才能提高品牌的知名度。

（2）制造需求。服装广告的目标之一旨在建立和挖掘公众的消费需求。服装广告具有引导时尚的功能，服装广告不仅能使新面料、新款式迅速流行，还能制造新的时尚话题，形成新的消费意识从而制造新的消费需求。

（3）提示、提醒。广告是一种有目的性、有计划性的信息传播手段，服装广告的效力就在于能将服装产品信息迅速地传递给世界各地的目标消费群体，这就要求服装广告必须具有提示和提醒消费者的功能。无论服装广告的构思多么新颖，如果广告内容表达不清晰或者不够醒目，就发挥不了广告的基本作用，这样任何服装产品都不会取得满意的销售效果。内容表达清晰并且具有标示性的服装广告能够保持消费者对服装产品的记忆，如李宁、耐克、特步等服装品牌已建立了一定的知名度，企业的实力也很强，因此服装企业需要做一定数量的提示性广告（图9-7）。

图9-7 具有标示性的服装广告

4. 服装广告促销的策划内容

（1）设计广告。设计广告是服装广告促销策划的主要内容。服装广告的设计直接关系到服装企业及其服装产品在消费者心目中的形象和地位。因此，服装广告设计需要策划人员和设计人员认真思考和研究。设计服装广告大致需要注意以下几个内容。

① 确立广告目标。策划服装广告促销的首要步骤，就是确定服装广告目标。服装广告目标的明确与否，将直接影响服装广告的效果。

② 确定广告对象。即确定企业的服装广告是面向什么样的消费者，这需要服装企业去了解目标消费者的年龄、性别、文化程度、接触媒体的时间与方式等，这样可以帮助企业在设计广告的过程中选择合适的方式取悦企业的目标消费者。

③ 确定广告主题。在确定了服装广告的目标和对象后，设计服装广告还需要确定一个明确的主题，即服装广告需要向消费者表达什么。对服装产品来说，广告的主题应能反映出服装产品的效能与价值。如某品牌的运动鞋的广告，其设计思想可以侧重表达运动鞋轻便、舒适的特点（图9-8）。

④ 设计广告内容。服装广告是集结企业相关人员构思与设计的完整的促销方案。随着时代的发展、科技的进步以及大众审美的提升，如今的服装广告更加具有视觉冲击力（图9-9），并且更加注重创意性，"视觉冲击力"与"创意"是抓住消费者眼球的重要利器。服装广告的设计可以个性化、艺术化，以增强广告的审美价值和性格特征，除此之外，设计服装广告内容还要注意"时效性"，要符合流行与时代发展的需求。

（2）计划广告预算。计划广告预算是服装企业广告促销策划的重要内容。在确定了广告的设计内容后，下一步就要计划服装广告预算。广告预算是服装企业为实现销售目标而投入的广告费用总额。广告预算的大小决定了服装企业广告宣传的规模、种类和效果。

（3）选择服装广告媒体。服装广告媒体是传递服装广告信息的工具，它限制着服装广告意

图 9-8 运动鞋广告　　　　　图 9-9 具有视觉冲击力的服装广告

图的表达和目的的实现。不同的广告媒体，其传播范围、时间、所能采用的表现形式以及接受的对象都是不同的。根据服装行业的特点，服装广告以视觉媒体为首选，如电视报纸杂志、户外广告等。除此之外，服装企业还需要根据产品属性、目标消费者习惯、销售范围、媒体的影响力和经济承受能力等因素来选择合适的广告媒体。

（4）广告效果评估。服装企业的营销决策总是倾向于以事实为依据，对广告效果进行评估，可以检验广告目标是否正确、广告主题是否突出、广告创意是否新颖独特、广告媒体的运用是否合适等。

广告效果评估就是指运用科学的方法来鉴定所做广告的效益。广告效益包括三个方面。

① 广告的经济效益。广告的经济效益是指广告促进产品销售的程度、企业的产值、利税等经济指标增长的程度，即服装企业在进行一段时间的广告营销后，所引起的销售额和利润的变化状况。

② 广告的心理效益。广告的心理效益是指消费者对企业所做的服装广告的心理认同程度和购买意向。

③ 广告的社会效益。广告的社会效益是指企业的服装广告是否符合社会公德标准。

广告效果评估为实现服装广告效益提供了可靠保证，能使服装企业增强广告意识，提升对服装广告营销决策的把控度，并保证服装广告营销策划工作朝着科学化的方向发展。

二、人员推销

在现代促销手段中，人员推销是最古老，同时又是最基本的销售方式，人员推销策略是由推销人员、推销对象和推销的商品三者结合起来的统一的活动过程。随着市场竞争的日益激化，人员推销策略在企业的促销活动中发挥着重要的作用。

1. 人员推销的含义

人员推销是指企业派出推销人员与目标消费者进行面对面的接触，将产品或服务的信息传递给消费者。服装推销人员需要运用一定的促销手段和技巧，使消费者认识产品的性能和特征，从而达到引起消费者注意，激发其购买欲望，激励消费者购买行为的目的。

2. 服装推销人员需要具备的品质

市场对服装销售人员的要求很高，出色的服装推销人员是服装企业宝贵的人力资源，推销人员个人的销售能力，将直接影响服装产品的销售状况，直接关系到企业的利益。服装推销人员是市场信息的提供者和收集者，他们向消费者提供有关产品的信息，同时了解消费者对销售产品的反应，为制定和调整企业的营销战略提供了重要的决策依据。服装销售人员需要经过专业的培训，他们需要具备以下品质。

（1）扎实的服装专业知识。面对激烈的服装市场竞争，服装推销人员需要具备扎实的服装专业知识，服装专业知识包括服装企业知识、服装产品知识、服装市场知识和心理学知识。具备扎实的服装专业知识是服装推销人员做好促销工作的前提，只有拥有扎实的专业知识，在面对消费者抛出的问题时才能从容不迫地应对。

（2）良好的职业素养。服装推销人员的行为关乎企业的形象，所以企业要求服装推销人员必须具有良好的职业道德和职业修养。这具体要求了服装推销人员需要具有诚实严谨、认真负责的工作态度，能在服装销售的工作中充分履行自己的社会责任、经济责任和道德责任。

（3）良好的服务意识。服装人员推销策略要求服装推销人员应该具有良好的服务意识，善于找出消费者的需求，并及时处理消费者的反馈意见并对顾客负责。服装推销人员需要把精力集中在消费者的反映及反馈上，之后针对消费者的反映及反馈对自己的推销方案进行适当的调整。如消费者对某一类型的服装产品感到不太满意时，要及时揣测消费者的需求，迅速变更服装产品再进行推销。

（4）自信开朗的精神面貌。自信开朗的精神面貌更能使消费者信任服装销售人员，同时，热情的态度是消费者良好消费体验感的加分项，另外服装推销人员热情自信的面貌也可以在较短的时间内提高消费者的购买欲望。

（5）良好的审美。服装推销人员具备良好的服装审美品位可以更好地帮助消费者选择适合的服装产品。另外服装推销人员应善于夸赞消费者，在消费者犹豫不决时及时鼓励和赞美消费者，或者转变推销策略，根据消费者的需求对症下药，推荐更适合消费者的服装产品供其选择。

三、网络新媒体促销

网络新媒体促销就是企业借助社交媒体，了解消费者需要的同时更好地宣传自己的产品。网络新媒体促销将人们的生活推进到一个新的状态，人们的思维习惯、生活习惯、信息使用习惯都发生了变化。

1. 网络新媒体促销的含义

网络新媒体是人们相互沟通、分享、评价、讨论的网站和技术，是互联网用户内容生产与交换的平台。网络新媒体和传统的电视、报纸、广播等媒体一样，都是传播信息的渠道，是人们交流、传播信息的工具和信息载体。网络新媒体促销是服装企业在社交网络平台上进行产品营销与推广的行为。随着互联网技术的飞速发展，网络新媒体促销逐渐成为服装市场主要的促销方式之一，不同类型的社交软件，都可以成为服装企业推广其产品的促销阵地（图9-10）。

图9-10　社交媒体营销

2. 网络新媒体促销的特点

（1）便捷高效。网络新媒体促销利用大数据分析的特点，能够十分精准地找到服装市场所对应的目标消费群体，比起传统的促销方式，网络新媒体促销更加便捷和高效。

（2）互动性强。网络新媒体促销与其他促销方式最显著的不同是，网络新媒体促销可以让消费者享有更多的自主选择权和编辑能力，消费者可以自行集结成某种社交群，自由地表达自己的需求和欲望。同时网络新媒体促销互动性强的特点可以增加消费者对企业产品的兴趣和参与度。

（3）传播广泛。传播广泛是网络新媒体促销的一个重要特点。这是因为互联网不仅拥有海量的信息资源，还能以丰富和灵活的形式实现信息的传递。随着互联网技术的发展及互联网用户的增多，网络新媒体促销的影响将越来越大。

3. 网络新媒体促销的优势

网络新媒体不仅仅是服装企业推广营销的媒介，更是消费者消遣娱乐、获取多样信息的工具，网络新媒体早已成为人们生活不可或缺的一部分，随着时代的进步与发展，人们更主动并且更乐意去获取和分享信息，网络新媒体的流量是庞大的。

网络新媒体便捷高效的特点，让网络新媒体促销显现出其他促销方式无法比拟的优势，大数据分析为服装企业减少了营销的成本以及工作量，同时还大大提高了企业服务的品质和效率。网络新媒体促销是服装商家最常见的促销方式之一。

消费者在网络新媒体中获取信息，同时也在分享信息，网络新媒体作为消费者的第一发声渠道，服装企业能够通过网络新媒体第一时间了解消费者的态度，当产品出现问题时，服装企业可以及时公关和解决问题，这样有助于提升消费者对品牌的好感度。

4. 网络新媒体促销的弊端

虽然网络新媒体促销有着极强的优势，但也存在着诸多弊端。互联网隔着屏幕，消费者触碰不到实际的服装产品，无法直观地了解服装产品的信息。并且网络上的服装产品良莠不齐，虚假宣传、盗版、营销骗局也有很多，消费者很难分辨其中的好坏。大数据时代，网络新媒体在某种程度上也侵犯了人们的隐私，"被监听"的状况时有发生。大数据时代下的网络新媒体在某种程度上还限制了人们的认知，人们很容易被贴上各式各样的标签。此外，互联网中有很多人为了获得流量哗众取宠和败坏道德风气，这些都不利于网络新媒体的发展。

作为消费者，要提高对网络新媒体促销的认知，理性消费。作为服装企业，要坚守原则，合理运用网络新媒体来营销自己的服装产品。

网红经济就是网络新媒体促销发展到一定程度的产物。网红即"网络红人"，是指在现实或者网络生活中因为某个事件而被网民关注从而走红的人或长期持续输出专业知识而走红的人。他们的走红皆因为自身的某种特质在网络下被放大，与网民的审美、审丑、娱乐、刺激、偷窥、臆想、品位以及看客等心理相契合，有意或无意间受到网络世界的追捧，成为"网络红人"。因此，网络红人的产生不是自发的，而是网络新媒体、网络红人、网络推手以及受众心理需求等利益共同体综合作用下的结果。网络红人大致分为三代，即文字时代的网络红人、图文时代的网络红人和宽频时代的网络红人，服装市场中的网络红人一般是以后两代网络红人为主。网红经济大多是以年轻貌美的时尚达人为形象代表（图9-11），以网络红人的品位

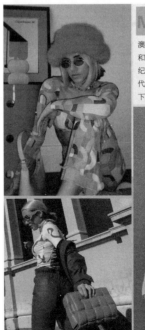

图9-11 网络红人

和眼光为主导，进行服装选款和视觉推广，在网络新媒体上聚集人气，依托庞大的粉丝群体进行定向营销，从而将粉丝转化为购买力。

四、时装秀促销

时装秀促销是服装促销中最令公众兴奋，最具审美价值与艺术价值，同时也最能影响消费者购买欲望的促销方式。

1. 时装秀促销的含义

时装秀是接近于艺术的舞台表演（图9-12）。从服装品牌创立到发展至今，时装秀都占据着举足轻重的位置，时装秀促销对服装企业提升自身的品牌价值及品牌知名度等方面有极大的帮助。

图9-12 时装秀表演

时装秀中所演绎的服装不同于企业面向大众市场的成衣产品，时装秀将最基本的服装要素加以改造、修饰、提高、美化，再将时装秀中的服装以一种合适的艺术语言表演出来。时装秀既源于生活又具有高于生活的艺术性。

2. 时装秀促销的关键点

（1）主题。无论是东方还是西方，服装设计师在设计每一件或者每一季度的服装时，都有不同的主导思想，故每一场时装秀的主题各不相同，所要表现的服装内涵也不一样。服装品牌一般会根据性别、季节、地区、流行等要素设计不同主题的时装秀场（图9-13、图9-14）。

图9-13　黑白波点服装设计　　　　　图9-14　竹叶主题服装设计

（2）舞台。成功的时装秀表演不仅需要设计师把时装本身设计好，还需要合适的时装模特以及精妙的舞台设计。服装设计师需要通过服装把模特内在的精神气质和风格神韵展现出来。模特在表演中，也要通过适宜的演绎把服装的特定个性展现出来。除此之外，舞台的环境布置、音乐及灯光的安排都深刻影响着人们的感官以及时装秀的整体氛围，观众可以通过时装秀舞台，感知品牌及其产品的魅力，并由此感受生活、感受美（图9-15）。

图9-15　不同秀场设计

3. 时装秀促销的作用

时装秀促销除了展示品牌精妙绝伦的设计外，还向人们展示了品牌自身所追求的设计理念，时装秀促销的内核就是让消费者与品牌产生心灵上的共鸣，时装秀以一种较为盛大的、夸张的形式将品牌的理念传达给目标消费者。时装秀所营造的独特氛围可以充分调动观众的视觉、听觉以及触觉，身临其境的感受更能诱发观众的情感共鸣，故而时装秀促销给人的影响更大，传播范围也更广泛，除此之外时装秀促销对建立消费者忠诚度方面也有极大的帮助（图9-16）。

图 9-16　男款时装秀

4. 时装秀促销的发展方向

时装秀促销是服装企业有效的营销工具之一，但时装秀活动的组织工作较为复杂，并且成本高、风险大，准备时间也比较长，只有一些较有实力的服装企业才会进行时装秀表演。目前国内的时装秀表演已经市场化，但还缺乏规范有序的运营，促进时装秀表演规范化和系统化是服装企业进行时装秀促销应该努力的方向。

五、线下体验式促销

服装线下体验式促销是基于服装线上促销延伸出的比较新颖的营销概念。体验式促销现已逐步渗透到营销市场的任一角落，体验式经济时代的到来，对服装企业影响深远，服装线上与线下体验式两种促销方式相辅相成，共同促进消费者的购买行为。

1. 线下体验式促销的概念

线下体验式促销是指企业通过让目标消费者观摩、聆听、尝试、试用、试穿等方式，使消费者亲身体验企业提供的产品或服务，让消费者实际感知产品或服务的品质或性能，从而促使消费者认知、喜好并购买的一种促销方式（图9-17）。

图 9-17 线下体验店

2. 线下体验式促销的特点

（1）以消费者为中心。线下体验式促销的运作基础就是围绕消费者真实的感受去建立的体验式服务。因此，服装企业应注重与消费者之间的沟通，发掘消费者内心的渴望，并站在消费者的角度去审视自己的产品和服务。

（2）情景检验。情景检验即服装促销人员不再孤立地去思考一个产品的质量、包装、功能等，而是通过各种手段和途径去创造一种综合的效应来增加消费者的体验感。例如一些洛丽塔（Lolita）服饰的线下体验店，有时会定期设立一种或多种主题如"魔法少女""童话世界"等，来增加消费者的氛围感和体验感（图9-18）。

图 9-18 日式洛丽塔服装

3. 线下体验式促销的影响

（1）促销观念转变。线下体验式促销从消费者的感官、情感、思考、行动出发，重新定义和设计了营销的思考方式。此种思考方式突破了传统"理性消费者"的假设，体验式营销认为消费者在消费时是理性与感性兼具的。

（2）重组促销结构。线下体验式营销的出现是对促销结构的重新组合。服装企业的线下体验店是提供线下试穿服务的实体店，传统实体店的经营工作包括产品的销售、消费者服务、管理仓储、收银等。而一部分服装线下体验店只做产品的展示和消费者服务工作，也就是说只完成信息传递这一项工作。线下体验店能够帮助消费者得到完整的产品信息，是完成信息流整合的重要载体。

（3）提高服装企业促销效率。服装企业线下体验式促销是由技术推进的商业模式的改变，虽然线下体验式促销的运营逻辑并不适合所有服装企业，但其可以给服装企业提供新思路，对服装企业有很强的借鉴作用。如今很多服装企业的线下体验式营销会与买手店合作，服装企业与买手店一般会采取寄售或卖货的形式合作，买手店不仅有自己的销售经验，还能在产品定价、市场需求等方面出谋献策，为服装企业提供展示、推广的机会，提高了服装企业的销售效率，为服装企业节省了一定的精力和时间去完善和打磨自己的产品。

六、公共关系促销

公共关系促销是指企业为了获得公众信任，加深消费者印象而进行的一系列树立企业及产品形象的活动。企业实施公共关系促销的目的在于创造并且维持一个有利的社会形象，并通过相关宣传，创立知名度及美誉度。品牌在公众中的知名度可以激发消费者的兴趣，同时引起人们对品牌的关注。

1. 公共关系促销的特点

服装企业间竞争的加剧，使得其采用的相似的促销模式效果变差，而且媒体干扰增多，消费者对普通商品信息的关注度越来越低，这都使得大规模广告的作用被削弱。销售促进的使用虽然在短期内起到了促销商品的作用，但却可能损害到企业的形象，同时长期效果也并不理想。因此，就需要利用公共关系促销塑造有利的企业和品牌形象。不论是对新品牌还是已经在市场站稳脚跟的品牌，良好的公共关系在形成企业知名度及品牌认识方面都非常有效。公共关系促销有以下几个特点。

（1）间接促销。公共关系促销和广告不同，它不直接对产品进行宣传和推广，而是通过积极参与各种社会活动，对企业的形象进行宣传，扩大知名度，在公众中树立良好的形象，赢得消费者对企业的信赖，为企业未来的销售奠定基础。所以，公共关系促销考虑的是未来销售量的增长和消费者持续性的关注。

（2）促销效果好。公共关系促销在实际的运用中被证明是具有较高成本效益的促销方式，只需要广告费用的一部分，就可以潜在地影响消费者的态度，一旦这种态度形成，会保持在很长一段时间内不会改变，为产品销售提供很好的心理基础。

（3）可信度高。一般来说，公共关系促销比广告更具有可信度，专家认为公共关系促销对消费者的影响约是广告的5倍。企业通过报道这种形式来传播信息，同时又借助了第三方进行宣传，增加了信息的可信度。

（4）激励范围广。公共关系促销的实施不仅对消费者具有影响力，对帮助企业分销产品的中间商和本企业员工都具有激励作用。企业对内的公共关系促销能够强化员工的归属感、激发工作热情，从而提高工作效率；对外的公共关系促销鼓励了分销商对商品进行分销的活动。

2. 服装企业进行公共关系促销的手段

公共关系促销不限于企业与顾客之间的关系，更不限于买卖关系，而是一种以长期目标为主的间接的促销手段，而且其意义不仅仅限于促销。过去把市场营销的公共关系促销称为"宣传报道"，即以非付费方式通过各种大众传播媒介来宣传企业及其产品，以达到促销的目的。公共关系促销除了宣传报道外，还包括许多其他活动。

对企业内部公众来说，良好的公共关系能够有效地增强企业的内部凝聚力，并能很好地调动员工的积极性，提高员工主人翁的意识，使工作效率得到提升。

对服装企业来说，时尚媒体及记者是企业进行公共关系促销时必须面对的主要对象。包括媒体中的电视、服装杂志等，部分新媒体如博客、电子杂志、网络视频等。大众媒体掌握着舆论导向，它们的评论足以影响消费者和中间商，与之建立良好的公共关系，对任何一家服装企业来说都是至关重要的。双方要做到尽可能地相互理解、相互尊重，建立长期、稳定、公开的合作关系。

与顾客公众的关系是企业最重要的公共关系。顾客对一个企业的评价，决定着企业的生存和发展，所以企业一定要本着"顾客是上帝"的原则，尽自己最大的努力去主动争取顾客，处理好与顾客公众的关系。

同时，企业还要处理好与政府之间的关系。政府是国家权力执行机关，遵守并坚决执行政府的各项法律法规，争取到政府对本企业的支持和鼓励，也就解决了一部分后顾之忧。

服装企业的公共关系部门一般通过以下手段从事公共关系促销活动。

（1）新闻报道。把有新闻价值的信息传递给新闻媒介，用以吸引公众对某人、某种产品或服务的注意力。

（2）产品的宣传报道。即具体宣传报道某种产品，尤其是新产品的及时报道。

（3）信息沟通。开展内部和外部的信息交流，以促进本企业与其他企事业单位之间的理解。

（4）游说。通过游说，处理好企业与立法者和政府官员之间的关系，以促进立法和规章方面通过对企业有利的条款，排除其中对企业不利的条款。

（5）咨询。对企业管理提供有关公众事务及企业定位和形象等方面问题的咨询。

参考文献

[1] 李正，徐崔春，李玲，等.服装学概论[M].北京：中国纺织出版社，2014.
[2] 李当岐.服装学概论[M].北京：高等教育出版社，2008.
[3] 杨以雄.服装市场营销[M].上海：东华大学出版社，2010.
[4] 李芳.服装与服饰设计手册[M].北京：清华大学出版社，2020.
[5] 万晓.市场营销[M].北京：清华大学出版社，北京交通大学出版社，2007.
[6] 孙肖丽.市场营销[M].北京：清华大学出版社，2006.
[7] 宁俊.服装营销[M].北京：中国纺织出版社，2006.
[8] 傅师申.纺织服装产品市场营销策略[M].北京：中国纺织出版社，2013.
[9] 梁建芳.服装市场营销[M].北京：化学工业出版社，2013.
[10] 杨志文.服装市场营销[M].北京：中国纺织出版社，2015.
[11] 刘小红，陈学军，索理.服装市场营销[M].4版.北京：中国纺织出版社，2019.
[12] 阿姆斯特朗，科特勒，王永贵.市场营销学[M].北京：中国人民大学出版社，2017.
[13] 迈德斯.时装品牌设计师：从服装设计到品牌运营[M].3版.北京：中国纺织出版社，2021.
[14] 朱光好，王革非，陆亚新.趋势：纺织服装业转移升级与发展[M].北京：社会科学文献出版社，2019.
[15] 李俊，王云仪.服装商品企划学[M].2版.北京：中国纺织出版社，2010.
[16] 所罗门，拉博尔特.消费心理学：无所不在的时尚[M].王广新，王艳芝，张娥，等译.2版.北京：中国人民大学出版社，2014.
[17] 卢泰宏，周懿瑾.消费者行为学：洞察中国消费者[M].4版.北京：中国人民大学出版社，2021.
[18] 凯文·莱恩·凯勒.战略品牌管理[M].吴水龙，何云，译.4版.北京：中国人民大学出版社，2014.
[19] 蒋智威，万艳敏.服装品牌营销案例集——集团篇[M].上海：东华大学出版社，2010.
[20] 尹庆民.服装市场营销[M].北京：高等教育出版社，2003.
[21] 吕树泉.Y服装公司在淘宝网的市场营销策略研究[D].北京：北京交通大学，2015.
[22] 孙晴.网络服装营销发展的战略探索[J].中国商贸，2010(25)：132-133.
[23] 刘洁.新零售驱动下服装市场营销模式探析——评《服装市场营销学》[J].印染助剂，2019，36(6)：66.